新手炒股

快速入门与操盘技法

王坤◎著

中国华侨出版社

北京

图书在版编目（CIP）数据

新手炒股快速入门与操盘技法 / 王坤著. —北京：中国华侨出版社，2015.12
ISBN 978-7-5113-5919-3

I. ①新… II. ①王… III. ①股票投资—基本知识 IV. ①F830.91

中国版本图书馆CIP数据核字（2015）第314439号

• 新手炒股快速入门与操盘技法

著　　者 / 王　坤

选题策划 / 李　劲

责任编辑 / 李胜佳

装帧设计 / 润和佳艺

经　　销 / 新华书店

开　　本 / 710毫米×1000毫米　　1/16　　印张 / 14　　字数 / 250千字

印　　刷 / 唐山市铭诚印刷有限公司

版　　次 / 2016年2月第1版　　　2021年10月第8次印刷

书　　号 / ISBN 978-7-5113-5919-3

定　　价 / 35.00元

中国华侨出版社　北京市朝阳区西坝河东里77号楼底商5号　邮编：100028

发行部：（010）64443051　　传真：（010）64439708

网　址：www.oveaschin.com　　E-mail：oveaschin@sina.com

如发现印装质量问题，影响阅读，请与印刷厂联系调换。

前言
股市掘金需要非凡能力

股坛有句话："靠运气炒股，赔钱十之八九；靠技巧炒股，赚钱八九不离十。"敢不敢入市投资，靠的是胆量与实力；能不能炒股赚钱，则靠的是眼力与技巧。股票投资不能凭一时的冲动和万丈豪情，只有了解有效的操作程序，掌握必要的基础知识，学会实用的技术方法，才能在变幻莫测的炒股市场中抓住瞬间即逝的赚钱机会。

股市有风险，投资需谨慎。对于新手股民来说，当务之急是学会客观、冷静地看待股市，认真、细致地分析股市，准确、合理地把握股市。须知，哪怕是牛市，同样会亏钱。当你用自己辛勤劳动挣来的钱去炒股的时候，千万要对自己的投资行为负责，切不可盲目入市，随意买卖股票。

掌握必要的股票知识，熟悉必要的操作技巧，是有效规避股市风险的重要前提。有了这个前提，既可以在牛市中轻松大笔赚钱，也可以在熊市中如鱼得水。这就好比海上的惊涛骇浪在一般人看来是不可接近的，但熟习水性的弄潮儿却可以在其中自由嬉戏。

所以，不要因为着急赚钱而忘记学习。牛市来临，每个投资者都想从中分一杯羹，虽然在股市中赚钱有大势的因素，但更重要的是股民本身的素质，这既包括他所掌握的基本理论知识，也包括其在股市中积累的实战经验。这些理论和经验的组合才是股民驰骋股市最根本的保障。

熊市并不可怕，没有知识、没有理论、没有方法才最可怕。股市中不相信眼泪，只相信能力和技巧。

如果你对股市与股票不甚了解，不妨阅读本书，掌握基本的股市分析方法与操作技巧，以此减少投资的盲目性，提高成功率。本书将理论与实践相结合，使读者能精通技术分析，读懂市场语言，是新股民学习股市操作技巧和提高操作水平的最佳实用工具书。

需要特别说明的是，本书不会建议你去阅读大量的财务报表，或者让你去拜访某家公司，深入地去了解公司的情况。毫无疑问，这些做法是非常好的投资套路，但是作为股市新手，尤其是工薪阶层的投资者而言，这种做法往往不太现实，这是因为：

第一，如果你不是一个财会人员，缺乏必要的财务知识储备以及财务审计经验，即便你找到一大堆财务数据，恐怕一时半会儿你也看不透、吃不准；

第二，研读大量财报，收集上市公司信息，需要花费大量的时间和精力，同时需要对于收集来的信息和资料做甄别和分析的工作，也是非常专业的事情，普通投资者往往很难做到。

因此，我们认为，直接告诉你一些可操作的方法，或许更好一些。至于阅读大量财务报表或拜访公司高管之类的事情，等你成为资金大户之后，我们再聊吧。在本书中，我们对实际案例进行了详细的分析，使得所讲述的具体操盘方法，易学、易懂，极具可操作性。只要你认真学习，灵活掌握，就一定会在风云变幻的股市中获得理想的收益。

对于新手股票投资者而言，本书就是一张股市的导航图。希望你阅读本书之后，能够从书中获得股票投资的灵感，总结出一套适合自己的投资系统。总之，股市掘金需要能力，因此现在努力提高你的掘金能力吧。

目录
CONTENTS

第三章 了解股票的盘口信息

第四章 树立正确的股票投资理念

后篇 股票投资实战技法

第五章 读懂K线，基本技术要清楚

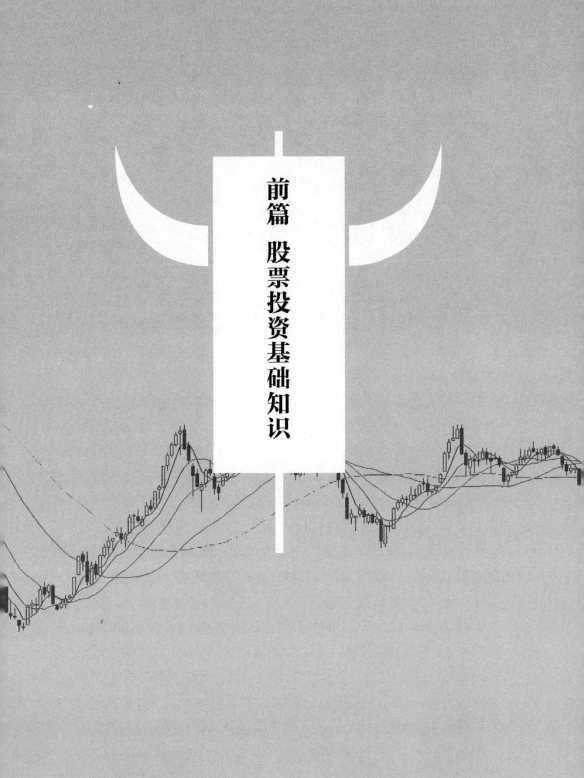

前篇　股票投资基础知识

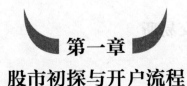

第一章
股市初探与开户流程

　　炒股作为当下最热门的投资方式，已经成为人们茶余饭后经常谈论的话题。越来越多人的加入炒股大军，希望通过炒股来实现盈利，但事实上想通过炒股来赚钱并不是一件容易的事。股海茫茫，风险很大，想要遨游股海，就要了解股海的基本情况，还要知道该怎么进入这片神秘的投资领域。本章将向你介绍股票市场的基本知识和开户的基本流程，让你轻松开户，畅游股海。

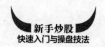
1. 什么是证券交易所

在股票市场中，交易所与券商是股票市场中最为重要的两个组成部分。但是有许多投资者却不明白两者的区别，下面我们就来了解一下，什么是交易所，什么是券商。

交易所，也就是证券交易所，是依据国家有关法律，经政府证券主管机关批准设立的集中进行证券交易的有形场所，即证券交易所是进行证券交易的集中场所。股票是众多证券中的一个种类，当然，它也是最为重要的一种证券。在整个证券市场发展中，证券交易所是证券市场发展到一定程度的产物，是集中交易制度下证券市场的组织者和一线监管者。

依据《证券交易所管理办法》第十一条，证券交易所的职能包括：第一，提供证券交易的场所和设施；第二，制定证券交易所的业务规则；第三，接受上市申请、安排证券上市；第四，组织、监督证券交易；第五，对会员进行监管；第六，对上市公司进行监管；第七，设立证券登记结算机构；第八，管理和公布市场信息；第九，证监会许可的其他职能。

在我国内地股票市场中，共有三家证券交易所，一家是设立在上海的上海证券交易所，另一家是设立在深圳的深圳证券交易所，第三家是北京证券交易所。平常所说的"上市公司"就是那些在某家证券交易所挂牌上市的公司，这类公司均为股份制公司，且其股票可以在证券交易中进行买卖交易。

公司上市的好处诸多，其中最大的好处就是可以通过发行股票来募集企业生产发展中所需的巨额资金。但证券交易所只对那些相对优质的企业敞开大门，这也是避免企业恶意圈钱，为购买股票的投资者负责的体现。

就目前国内股市来说，一家企业想要成为上市公司要符合一些硬性条件，比如，企业的组织形式为股份制；该股份有限公司的主体企业设立或者从事主要业务的时间应在3年以上，且具有连续盈利的营业记录；最近一年度的有形资产净值与有限资产总值的比例应达到38%以上，且无累计亏损；税后利润与年度决算的实收资本额的比率要求在前两年均应达到8%以上，最后一年达到10%以上，等等。

可以说，前面所讲的这些条件，对于一家普通的中、小企业来说是难以达到的，这也是我们为什么常说上市公司多是同行业中做得较为出色、是同行业中佼佼者的缘故。

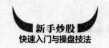

2. 什么是券商

证券交易所是证券集中交易的场所，对于股票来说，所有的股票交易均发生在证券交易所中。但由于投资者数量众多，证券交易所没有能力，也难以直接为每一位投资者进行买卖服务，且证券交易所还要展开接受上市申请、安排证券上市，组织、监督证券交易等工作，那么，对于广大投资者来说，如何买卖股票呢？

这时就需要一个中介，而这个中介就是券商，券商是指经营证券交易的公司，或称证券公司。证券公司是指依照公司法的规定，经国务院证券监督管理机构审查批准，从事证券经营业务的有限责任公司或者股份有限公司。证券交易所实行会员制，只有具有会员资格的才可以入场买卖，而券商就是这样的会员，投资者通过券商这个中介，就可以实现在证券交易所中买卖股票的目的。

券商所提供的服务绝不仅仅局限于为投资者代理买卖股票，其依据经营范围的不同，可以分为证券经纪商、证券自营商和证券承销商。证券公司接受投资人的委托，代为买卖证券，并收取一定的手续费即佣金，具备这种功能的券商称为证券经纪商；此外，一些证券公司还可以自行买卖证券，具备这种功能的券商称为证券自营商；或者一些证券公司以包销或代销形式帮助发行人发售证券，具备这种功能的券商称为证券承销商。

3．怎样选择适合自己的券商

如果你准备进行股票投资，那么需要选择一家适合自己的券商，否则后续可能会有无边的麻烦。许多新手都是在稀里糊涂的情况下，直接顺着亲戚熟人的意思去开户的，所谓"别人在哪儿开的咱就去哪儿"，但投资炒股最忌盲目跟风。一个对自己负责任的投资者最好按照下面几个步骤选择适合自己的券商。

第一，选择实力强、信誉好的券商。作为初学者，懵懵懂懂地进入股市，选择一个正规的、信誉好的大券商开立股票账户是很有必要的。因为无论是交易账户资金安全性、交易软件稳定性、交易跑道的通畅性、券商开展各种业务的资格以及后续服务的完整、收费的诚信透明等都更有保障，很简单，没有充足的资本实力是没法做到更好的。

第二，选择合理的佣金率水平的券商。股票投资的一项基本费用就是佣金，佣金水平的高低也是选择券商的一个重要参考因素。作为费用项目每个投资者当然都希望越低越好，但是在理性的资本市场里想轻易就捡个最低佣金、交易速度快、业务全面服务好的券商还真的不容易。现在社会上有一些打着低佣金、超低佣金、最低佣金旗号的券商，你要提高警惕，开户后可能会提出各种理由，偷偷提高你的佣金，这样的事也时有发生，所以要注意。目前券商常规的佣金水平在万分之五到万分之十五，作为新手，这个要心里有数。

第三，选择服务好操作方便的证券公司。新手炒股难免会碰到些规则或

操作上的问题，券商优秀的软硬件支持及良好通畅的沟通渠道就显得尤为重要。一般来说，大券商会有更多的资源和资金用到保障客户交易稳定快速的系统维护（比如光缆卫星双向行情报单）、提供及时通畅的客服服务（比如总客服、营业部客服、客户经理电话渠道、在线客服大厅渠道等）、丰富的交易软件和良好的客户体验（比如同花顺、锐志、钱龙、易阳指、君弘金卡专享软件等多种风格软件）上。不要小看了这些貌似与交易无关的投资环境因素，要知道但凡遭遇堵单、漏单、系统故障或是突发的其他问题，损失的是真金白银。

第四，选择业务全面渠道丰富的券商。股票、基金投资只是投资理财的一个基本的方向，随着投资者资金实力、投资经验的积累丰富，必然要尝试更丰富的理财投资渠道，比如股指期货、融资融券、专项理财、港股等。但是不是所有的证券公司都有资格开展这些业务，所以选择一家可开展创新类业务的券商也是很有必要的。很多小券商资本实力有限，监管层层面出于控制风险保护投资者的角度是不给签发许可的。也许你会说大不了到时候再转户。转户是可以，只要大家不嫌麻烦，比如只能交易日办理转户业务、要跑两家营业部及银行、融资融券这样的业务要转户后再等18个月才有资格涉猎，等等。

第五，选择于己方便的券商。现在交易基本都是网上交易，证券公司的营业厅也在顺应趋势逐步改革舍弃现场大厅，开户也就去一次营业部，一般没事谁也不往营业部跑。但是大家也要考虑除网上交易外是否有网上咨询服务、股票手机交易软件、电话语音报单等其他服务，为的就是交易方便顺畅。

4．开户应注意的问题有哪些

开户，也称为开设账户，投资者可以在券商柜台处办理。目前各大券商基本上都开通了互联网业务，投资者也可以直接通过互联网开通股票投资账户。当然，网上开户要准备好基本的设备，比如带有摄像头的计算机或手机。关于柜台开户，常见的问题有以下10个。

（1）开户年龄限制

答：必须年满18周岁，以身份证上出生日期为准。

（2）开户时间问题

答：中小城市周一到周五上班时间（上午九点到下午五点）去证券公司营业部即可开户。大一些的城市周一到周五上午九点到下午五点。周末上午九点到下午五点也可办理开户手续。

（3）开户费用多少

深圳证券账户卡50元，上海证券账户卡40元，一共是90元。某些地方可能会打折，收取55元，或者开一个送一个。比如开上海证券账户送深圳证券账户或者开深圳证券账户送上海证券账户，所以开户费为40元或者50元。一些券商数量少的城市可能会收取90元开户费。深圳、上海、广州、北京、天津、武汉等地方则不再收取开户费。开户费由营业部替你垫付，开户是不需要钱的。

（4）开户需要哪些资料

答：二代身份证加一张银行储蓄卡即可。没有二代身份证的可凭一代身

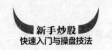
份证办理开户,但是需要辅助证件,比如驾驶证、居住证等。

(5)银行卡需要开通网银吗

答:不需要开通网银,普通的银行卡就可以。开通了网银也没关系,银证转账跟网银是不相同的。

(6)开户需要存入多少钱

答:开户可以不用存钱进去,开个空户也可以。但是建议你最好要存一块钱在你的银行卡里面,开户之后通过银证转账把这一块钱转入到股票资金账户里面去,然后再转出来,熟悉一下银证转账操作流程。

(7)多少钱可以买股票

答:交易所规定买股票最少买一手或者整数倍,一手等于100股。比如农业银行,价格2.7元一股(2013年5月9日),一百股需要270多元钱,所以300元钱就可以买股票了。

(8)开了户不使用有没有影响?会不会扣年费

答:开了户不使用没有任何影响,没有资金,不操作的话3年之后就自动休眠。只要你不交易买股票,就不会有任何费用。没有年费这一说,不扣年费,相反地,很多银行卡绑定了三方存管以后连年费都不扣了,年费都免了,但也不是所有的银行都免年费的。

(9)户是在银行吗

答:不是,银行里面只是证券公司的驻点客户经理或者证券经纪人,他们会全程陪同你开户,但都是要回券商营业部才可以开户。银行只是券商开发客户的一个渠道,当你在银行里找到证券公司的客户经理或者证券经纪人要开户,他们会带你去营业部办理开户手续。营业部是必须去的,因为要在营业部照相,设置交易密码,签字填表。

(10)股票交易要去银行或者券商营业部吗

答:不需要去。自己在家里的计算机上就可以买卖股票了,也可以通过手机炒股软件买卖股票。网上直接可以交易,随时随地,在任何能上网的地方都行。

5．什么是A股、B股、H股

在炒股软件中投资者会发现，有些股票在名称后面会加一个AH或AS的标注。这是因为这些股票不但在A股上市，而且还在其他交易所上市交易。实际上我国上市公司的股票有A股、B股、H股等的区分。这一区分主要依据股票的上市地点和所面对的投资者而定。

第一，A股。A股的正式名称是人民币普通股票。它是由我国境内的公司发行，供境内机构、组织或个人从2013年4月1日起，港、澳、台居民可开立A股账户以人民币认购和交易的普通股股票，我国A股股票市场经过三十多年快速发展，已经颇具规模。

第二，B股。B股的正式名称是人民币特种股票。它是以人民币标明面值，以外币认购和买卖，在境内（上海、深圳）证券交易所上市交易的。它的投资人限于：外国的自然人、法人和其他组织，中国香港、澳门、台湾地区的自然人、法人和其他组织，定居在国外的中国公民。中国证监会规定的其他投资人。现阶段B股的投资人，主要是上述几类中的机构投资者。B股公司的注册地和上市地都在境内，只不过投资者在境外或在中国香港、澳门及台湾。

第三，H股。H股即注册地在内地、上市地在香港的外资股。香港的英文是HongKong，取其字首，在港上市外资股就叫作H股。

第四，S股。S股是指那些主要生产或者经营等核心业务在中国大陆、而企业的注册地在内地，但是在新加坡交易所上市挂牌的企业股票。

6. 什么是主板、中小板、创业板

在我国，主板市场指的是沪、深股票市场。深交所主板的股票开头代码是000，上交所主板的股票开头代码是600、601、602。有些企业的条件达不到主板市场的要求，所以只能在中小板市场上市。

中小板即深圳中小板，是相对于主板市场而言的，开头代码是002的股票便属于中小板市场。中小板市场是创业板的一种过渡。

创业板，即深圳创业板，其隶属于主板市场，代码开头是300的个股就属于创业板。创业板，就是为创业型企业上市融资的股票市场，创业板又称二板市场。

其实，创业板算得上是一个单独的股票市场。在创业板上市公司多属于高新技术领域，因而其发展潜力往往惊人，但这类企业所蕴含的风险也是较大的，这也是创业板不同于主板的原因所在。

美国的纳斯达克市场就是一个典型的创业板市场，曾孵化出像微软、英特尔和思科等一批世界500强企业。

现在有许多人谈论新三板，那么什么又是新三板呢？

"新三板"出场原指中关村科技园区非上市股份有限公司进入代办股份系统进行转让试点，因为挂牌企业均为高科技企业而不同于原转让系统内的退市企业及原STAQ、NET系统挂牌公司，故形象地称为"新三板"。新三板的意义主要是针对公司的，会给该企业、公司带来很大的好处。

7. 什么是蓝筹股、红筹股

在股票市场上，投资者把那些在其所属行业内占有重要支配性地位、业绩优良、成交活跃、红利优厚的大公司股票称为蓝筹股。

通常，这类上市公司规模较大，经营管理规范，创利能力稳定，能够连年给股东带来回报，即便在不景气时都有能力赚取利润，风险较小。

"蓝筹"一词源于西方赌场。在西方赌场中，有三种颜色的筹码，其中蓝色筹码最为值钱，红色筹码次之，白色筹码最差，投资者因此把这些行话套用到股票。

蓝筹股并非一成不变，随着社会经济的发展，公司经营状况的改变及经济地位的升降，蓝筹股的排名也会不断变更。据《福布斯》杂志统计，在美国1917年的100家最大公司中，目前只有43家公司股票仍在蓝筹股之列，而当初"最蓝"、行业最兴旺的铁路股票，如今完全丧失了入选蓝筹股的资格和实力。

我国股票市场虽然历史较短，但发展十分迅速，也出现了一些蓝筹股，如三一重工、同仁堂、贵州茅台等。投资者可以根据自己的情况酌情购买。

红筹股是大陆以外的交易所对中资概念股的统称，最常见、最富代表性的是香港的红筹股。在香港，一般把最大控股权（常常指30%以上）直接或间接隶属于中国内地有关部门或企业，并在香港注册上市的公司所发行的股份归类为红筹股。红筹股不属于外资股。

红筹股这一概念诞生于20世纪90年代初期的香港证券市场。中华人民共

和国在国际上有时被称为红色中国，相应地，香港和国际投资者把在境外注册、在香港上市，但主要业务在中国内地或大部分股东权益来自中国内地公司的股票称为红筹股。

早期的红筹股，主要是一些中资公司收购香港的小型上市公司后重组后形成的；此后出现的红筹股，主要是内地一些省市或中央部委将其在香港的窗口公司改组并在香港上市后形成的。现在，红筹股已经成为内地企业进入国际市场筹资的一条重要渠道。21世纪以来在美国、新加坡以红筹模式上市的公司也越来越多，红筹股的概念便延伸为在海外注册、在海外上市，带有中国大陆概念的股票。

对于红筹股，大陆投资者一般无法直接购买，主要供红筹股当地的投资者购买，因此，它可以间接反映世界各国投资者对中国经济的真实态度，国内投资者可以将其当作一个重要的交易参考。

8．什么是融资融券业务

融资融券，又称"证券信用交易"，是指投资者向具有融资融券业务资格的证券公司提供担保物，借入资金买入证券（融资交易）或借入证券并卖出（融券交易）的行为。它包括券商对投资者的融资、融券和金融机构对券商的融资、融券。一句话，融资融券就是投资者可以从券商或银行借钱买入、借证券卖出的交易制度。其本质是一种以小博大的杠杆效应。

融资融券交易，与普通证券交易相比，在许多方面有较大的区别，归纳起来主要有以下几个不同点。

第一，保证金要求不同。投资者从事普通证券交易须提交100%的保证金，即买入证券须事先存入足额的资金，卖出证券须事先持有足额的证券。而从事融资融券交易则不同，投资者只需交纳一定的保证金，即可进行保证金一定倍数的买卖（买空卖空），在预测证券价格将要上涨而手头没有足够的资金时，可以向证券公司借入资金买入证券，并在高位卖出证券后归还借款；预测证券价格将要下跌而手头没有证券时，则可以向证券公司借入证券卖出，并在低位买入证券归还。这种做法与期货交易有类似之处。

第二，法律关系不同。投资者从事普通证券交易时，其与证券公司之间只存在委托买卖的关系；而从事融资融券交易时，其与证券公司之间不仅存在委托买卖的关系，还存在资金或证券的借贷关系，因此还要事先以现金或证券的形式向证券公司交付一定比例的保证金，并将融资买入的证券和融券卖出所得资金交付证券公司一并作为担保物。投资者在偿还借贷的资金、证券及利息、

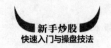

费用，并扣除自己的保证金后有剩余的，即为投资收益（盈利）。

第三，风险承担和交易权利不同。投资者从事普通证券交易时，风险完全由其自行承担，所以几乎可以买卖所有在证券交易所上市交易的证券品种（少数特殊品种对参与交易的投资者有特别要求的除外）；而从事融资融券交易时，如不能按时、足额偿还资金或证券，还会给证券公司带来风险。所以投资者只能在证券公司确定的融资融券标的证券范围内买卖证券，而证券公司确定的融资融券标的证券均在证券交易所规定的标的证券范围之内，这些证券一般流动性较大、波动性相对较小、不易被操纵。

第四，财务杠杆效应。与普通证券交易相比，投资者可以通过向证券公司融资融券，扩大交易筹码，具有一定的财务杠杆效应，通过这种财务杠杆效应来获取收益。当然，一旦判断失误，损失也将更大。

第五，交易控制不同。投资者从事普通证券交易时，可以随意自由买卖证券，可以随意转入转出资金。而从事融资融券交易时，如存在未关闭的交易合约时，需保证融资融券账户内的担保品充裕，达到与券商签订融资融券合同时要求的担保比例，如担保比例过低，券商可以停止投资者融资融券交易及担保品交易，甚至对现有的合约进行部分或全部平仓。另外，投资者需要从融资融券账户上转出资金或者股份时，也必须保证维持担保比例超过300%时，才可提取保证金可用余额中的现金或充抵保证金的证券部分，且提取后维持担保比例不得低于300%。

2010年3月30日，上交所、深交所分别发布公告，表示将于2010年3月31日起正式开通融资融券交易系统，开始接受试点会员融资融券交易申报。融资融券业务在我国开始正式启动。

融资融券实际上就是保证金交易，单就交易层面来说，它与外汇、期货、伦敦金等市场高风险产品并无二致，因此新手最好不要参与。

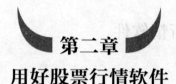

第二章
用好股票行情软件

网络时代，炒股离不开炒股软件的辅助。但是在具体实施买卖股票前，投资者首先要选择和分析股票，这才是一次交易的重中之重。能否选出好股票、能否正确地分析出股票价格的后期走势，将直接决定着投资者是盈利还是亏损。那么，投资者应从哪里着手选择和分析股票呢？答案就是股票行情软件。

9. 什么是股票行情软件

工欲善其事，必先利其器。炒股离不开炒股工具，尤其到了网络时代，投资者选择、分析和买卖股票等操作都是在网络上完成的，没有好用的股票行情软件是不行的。快速地学会使用股票行情软件，利用并分析所提供的各种数据，是我们看盘过程中的第一步，也是最为基础的一步。

所谓看盘就是通过对股票行情软件提供给我们的各种交投数据进行分析，以更好地理解市场多空双方力量的转化情况，从而为我们的实盘操作提供依据。

所谓股票行情软件，也称为看盘软件，它的最主要作用就是实时接收股市行情，并为投资者提供关于股票的方方面面的数据。

股票行情软件提供的数据，包括体现上市公司盈利能力的基本面数据，例如，每股收盘、每股净资产、净资产收益率、行业新闻和上市公司的重大事项等。也包括二级市场中的交易数据，例如，委比、量比、K线走势和盘中分时图等。

可以说，想要全面地了解个股走势、市场交投情况和上市公司的发展前景等，投资者就要学会使用股票行情软件。虽然股票行情软件有很多种，但是在最基本的行情接收和行情提供等功能上，它们却是大同小异的，而且其操作方法也基本相似。市场上最常见的两个炒股软件是大智慧和同花顺。

大智慧证券信息平台是一套用来接收证券行情和证券信息，进行基本分析和技术分析的超级证券信息平台，该软件把行情和信息完美结合，与时俱进地提供众多深入市场而又简单有效的分析功能，是证券界的标准软件。

同花顺证券信息平台能为投资者同时提供多种不同的信息产品（如港澳信息等），能与券商网站紧密衔接，向用户提供券商网站的各种信息。而且个股资料、交易所新闻等信息都经过预处理，让你轻松浏览、快速查找。丰富的信息与股票的行情走势密切地结合，使用户能方便、及时、全面地享受到券商全方位的信息服务。

我们就以"如何利用看盘软件获取基本的行情信息"为核心，帮助读者在最短的时间内掌握看盘软件的基本使用方法。此外，一些看盘软件除了提供基本的行情接收功能外，还提供强大的分析功能，对于这些扩展内容，有兴趣的读者可以结合看盘软件的帮助文件进行自学。

10. 如何获取和安装行情软件

同花顺股票行情软件的获取可以到官网上下载。在页面上会出现有免费版、策略投资终端等不同版本，普通投资者选择免费版就可以了。实际上，在开户时，有些券商会免费赠送软件，投资者可以直接到券商官网上下载软件。

下面是同花顺的安装步骤。

第一，用户下载后直接双击运行所下载的程序。光盘用户直接放入光盘，安装程序将自动运行。此时出现安装界面，用户点击"下一步"按钮。如图2-1所示。

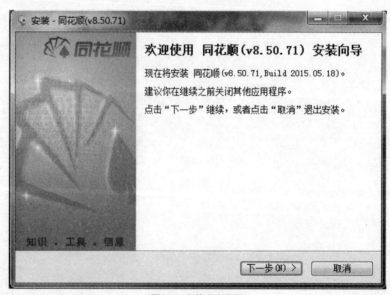

图2-1 安装欢迎界面

第二，单击浏览选择安装路径（默认安装路径C：\同花顺软件\同花顺，但一般建议不要安装在C盘中，为的是能保存自己的使用习惯），然后点击"下一步"，如图2-2所示。

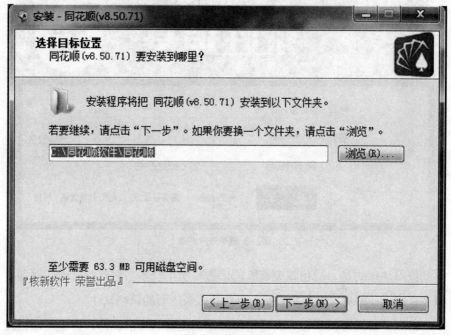

图2-2 安装路径选择

第三，选择添加图标：在桌面上创建一个图标、在快速启动栏创建一个图标、在开始菜单顶层创建一个图标。这三项可以全部选择，然后点击"下一步"。

第四，再次确认安装路径及快捷方式名称无误后，点击"安装"。

第五，安装完成后，点击"完成"结束安装。

成功安装后，可以在桌面上或开始菜单中找到同花顺的启动快捷键。初次登录同花顺炒股软件，将会有弹窗提示输入账户和密码，用户可以免费注册账户登录。如图2-3所示。

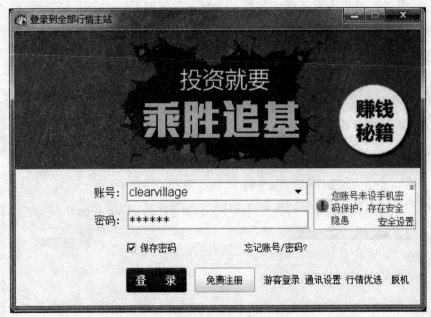

图2-3 登录账户界面

值得注意的是，同花顺免费版的广告可能比较多。对这些广告，普通投资者直接无视即可，没有必要花几万块钱去买所谓的策略软件。

特别需要提醒读者，券商通常都会提供免费的行情软件，你也可以直接到开户券商的官方网站上下载。

11．股票行情软件的基本功能

同花顺炒股软件功能强大，有行情显示、行情分析、证券信息即时发布以及接受盘中信息的超级证券咨询系统等。但最常用的还是行情显示、行情分析功能。

同花顺中可通过三大菜单，进入各个功能操作。用户可选择自己习惯的操作方式，通过不同菜单进行操作。如图2-4所示。

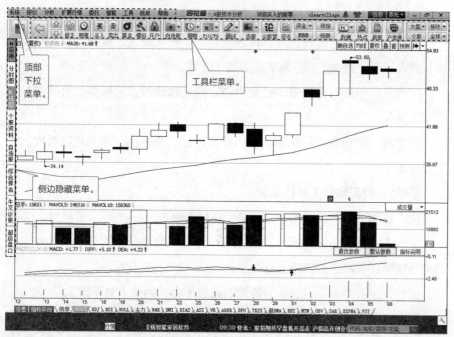

图2-4 软件功能菜单介绍

菜单1：同花顺的顶部下拉菜单

同花顺顶部下拉菜单有以下几个重要的栏目。

①系统：包括连接主站、断开连接、显示服务器连接信息、数据修正、重新初始化、打印、输出图片、全屏显示等子菜单。

②报价：包括自选报价、自选同列、沪深指数、涨幅排名、综合排名、沪深股票等多个子菜单。当投资者要选择某个板块股票时，就可以从这里入手。

③分析：包括分时图、K线图、成交明细、价量分布、个股资料、大盘对照、两股对比、历史会议、未来预演等子菜单。

④扩展行情：包括基金、债券、期货、期权、全球市场、美股、港股、外汇等子菜单。

⑤委托：包括委托管理、开户转户、小财神、基金申购等子菜单。

⑥智能：包括股票预警、鹰眼盯盘、短线精灵、选股平台、形态选股、问财选股、股票池等子菜单。

⑦工具：包括自选股设置、自选股导入、板块设置、数据下载、同步设置、公式管理、画线工具、系统设置等子菜单。

⑧信息：包括财经搜索、信息中心、同花顺诊股、论股堂、股民学校、财经要闻等。

⑨帮助：包括我的同花顺、我的股市日记、股灵通、新手视频教程、快捷键列表等。

菜单2：同花顺的工具栏菜单

位于顶部下拉菜单栏的下方，是工具栏菜单。

【←】退回到上一步操作，【↑】【↓】是翻页功能键，还有买入和卖出的交易按键，可以迅速快速进行交易。

另外，还有开户、自选股、周期、选股平台、画线工具等按钮。

同花顺的工具栏是可以进行自定义设置的，你可以根据自己的使用习惯，设置常用的一些工具按钮，以方便自己的操作。

菜单3：同花顺的侧边隐藏菜单

软件最左侧的隐藏菜单，有应用、分时图、K线图、个股资料、自选股、综合排名等。你可以通过侧边栏来查看个股的信息、图表，分析个股的走势，决定买卖的时机。

12．如何调出大盘走势图

　　大盘走势是看盘的第一个要点。所谓大盘，是指股票交易平台，该平台包括所有上市公司的股票；大盘走势，就是平台内所有股票的平均走势，它可以用编制的大盘指数来表示。因此可以说，大盘指数是反映股市整体平均变化情况的一个数值，调出了大盘走势图，投资者就可以清晰地观察市场的整体运行情况。

　　国内大盘指数主要是指上证综合指数（简称上证指数）和深证成分指数（简称深证成指）。在实际应用中，由于在上交所挂牌的上市公司，其规模往往更大，行业主导地位更加突出，股本规模及资产规模也更大，投资者常将上证指数当作大盘指数。

　　在同花顺软件中，上证指数的代码为000001，投资者输入代码后点回车键，就可调出大盘走势图。除此之外，投资者还可以通过在键盘上输入指数名称的首字母进入相应的走势图。例如，投资者输入"szzs"并回车就可调出上证指数走势图；输入"czsz"并回车就可调出深证成指。

　　大盘指数走势图，在看盘时常用的有两种：日K线走势和分时走势图。

　　大盘日K线图主要反映大盘在一段时间内的历史走势，它由多根K线组成，每一根K线都代表一个交易日的价格变动情况，将多根K线以时间为横轴、以指数大小为纵轴，依次排列起来，就可以清晰地显示出指数的历史变动情况。在键盘上通过小键盘区的上下方向键，投资者还可以放大或缩小其显示的时间范围。如图2-5所示。

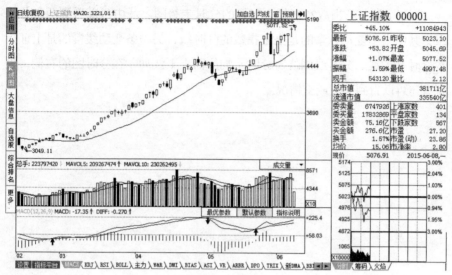

图2-5 上证指数日K线图

另一种常用的大盘走势图是大盘的分时走势图，它以分钟为时间单位，反映每个交易日交易时段内（上午9:30～11:30，下午13:00～15:00）大盘指数的实时变动情况。如图2-6所示。

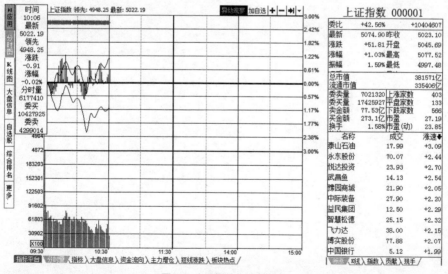

图2-6 上证指数分时走势图

图2-6为上证指数2015年6月2日的分时走势图。从中可以看到两条分时线，其中上下变动频繁的是上证指数的分时线，另一条变动缓慢的是上证指数分时平均线，分时线围绕着分时平均线而上下波动。在分时图的右侧，投资者还可以看到历史成交情况。

13．如何调出个股走势图

用同花顺软件看个股是该软件最大的功能。调出个股走势图的方法与调出大盘走势图的方法基本如出一辙，也有两种。

第一种是利用股票代码的方式调出，由于每一支股票都有唯一的代码，因此只要在键盘上敲出相应的代码，就可以直接调出其走势图。

第二种是利用股票名称的首字母的方式调出。例如，想要调出中航飞机，直接输入"zhfj"，直接选择A股即可。如图2-7所示。

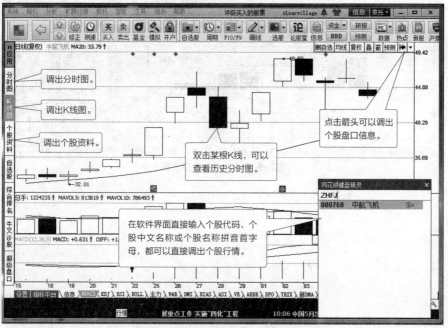

图2-7　通过股票名称首字母调出个股

对于投资者的研究分析来说，个股的财务情况是很重要的资料，其中包括时间、总股本、流通A/B股、流通比例、股东总数、市盈率、市盈率（动）、总市值、流通市值、每股盈利、每股净资产、主营利润率、主营增长率、净资产收益率、资产负债比率、主营业务收入、资产总计、负债合计、归属母公司股东权益合计、公积金、主营业务利润、净利润、投资收益等。

对于短线投资者来说，个股筹码分布的分析是比较重要的，股价上升到筹码集中分布区域，通常会遭遇较强阻力。投资者可以调出筹码分布图，研判股价未来走势是否反转，决定买卖点。如图2-8所示。

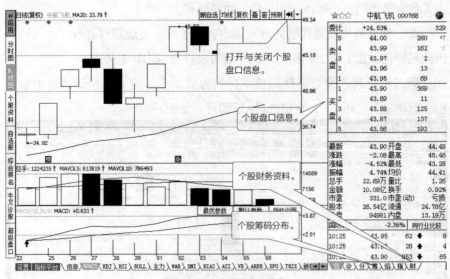

图2-8 调出个股的盘口信息

14. 如何调取个股基本信息

在同花顺软件中切入企业基本面信息页面，有两种方法：第一，直接 F10；第二，点击个股分析页面左侧的"个股资料"标签。之后，软件将切入企业基本面信息页面。如图2-9所示。

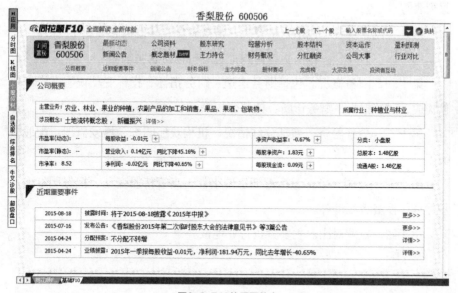

图2-9 F10的重要信息

切入企业基本面信息页面后，上面为投资者提供了以下几种企业基本面的关键信息。

第一，最新动态。包括公司概要、近期重要事件、新闻公告、财务指

标、主力控盘、题材要点、龙虎榜、大宗交易、融资融券、投资者互动等。

第二，公司资料。包括详细情况、高管介绍、发行相关、参控股公司等信息。

第三，股东研究。包括股东人数的变化、十大流通股东及十大股东等。

第四，经营分析。包括主营介绍、运营业务数据、主营构成分析、董事会经营评述等。

第五，股本结构。包括解禁时间表、总股本构成、A股结构图、历次股本变动等。

第六，资本运作。包括项目投资、股权投资、股权转让、关联交易等。

第七，盈利预测。包括业绩预测、业绩预测详表、研报评级等。

第八，新闻公告。包括新闻与股价联动、热点新闻列表、公告列表、研报列表等。

第九，概念题材。包括题材要点、常规概念、其他概念等。

第十，主力持仓。包括机构持股汇总、机构持仓明细等。

第十一，财务概况。包括财务速递、财务指标、指标变动说明、资产负债构成、财务报告、财务诊断、杜邦分析等。

第十二，分红融资。包括分红情况、机构获配明细、增发概况、配股概况等。

第十三，公司大事。包括近期重要事件、高管持股变动、担保明细、违规处理、投资者互动等。

第十四，行业对比。主要分析行业地位。

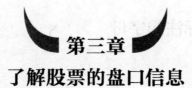

第三章
了解股票的盘口信息

　　如何使新股民在股票交易中，尽可能地减少风险和损失？我们认为，只有充分地了解了这些与炒股相关的金融、证券知识后，才能对股票有一定的信心与把握，为自己在股市中留有不败的足迹打下良好的基础。一些盘口信息，往往将决定投资的成败，假如你不懂这些，可能就会错过一些盈利的机会，同时增加一些投资的风险。

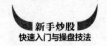
15. 股票前面标注的字母

在炒股软件中，投资者有时会看到一些股票前标注有"ST、★ST、PT、N、XR、XD、DR、G"等标记。它们各自有什么特别的市场含义呢？

（1）股票名称前面加注"ST"，是指A股上市公司连续二年亏损，被进行特别处理的股票。"特别处理"的英文是Special Treatment，缩写就是"ST"，因此这些股票就简称为ST股。该政策针对的对象是出现财务状况或其他状况异常的上市公司。在股票被ST期间，其股票交易日涨幅限制为5%，跌幅限制为5%，而且公司的中期报告必须经过审计。简言之，股票的名字加上ST实际上是管理层给投资者一个警告：该股票存在较大的投资风险。

（2）股票名称前面加注"★ST"，说明此股的风险比ST股更大。它是A股上市公司连续三年亏损，有退市风险的股票。管理层在ST前面加上"★"，就是希望引起投资者的警惕。若想一步到位摘掉★ST帽子，恢复10%的涨跌交易制度，在硬指标上必须是年报的每股收益、扣除非经常性损益后的每股收益以及每股净资产三项指标同时为正值，才有提出摘帽的资格，交易所有权根据各家公司的具体情况来决定是否批准。

（3）PT股是停止任何交易，价格清零，等待退市的股票。PT是英文Particular Transfer（特别转让）的缩写。依据《公司法》和《证券法》规定，上市公司出现连续三年亏损等情况，其股票将暂停上市。沪深交易所从1999年7月9日起，对这类暂停上市的股票实施"特别转让服务"，并在其简称前冠以"PT"，称为"PT股票"。PT股作为一种特别转让服务，其所交易的股票并不是真正意义上的上市交易股票。因此股票不计入指数计算，转让信息只能在当天收盘行情中看到。

（4）名称前加注"N"的股票为当日上市的新股。一般地，深沪两市每逢新股上市首日，都要在该新股的中文名称前加注"N"以提醒投资者。这类股票新上市，二级市场的操作共识还没有形成，大家都吃不准股性，所以操作难度较大，新手最好不要参与。

（5）当股票名称前加"XD"时，表明当日是这支股票的除息日，XD是英语Exclud Dividend（除去利息）的简写。在除息日的当天，股价的基准价比前一个交易日的收盘价要低，因为从中扣除了利息这一部分的差价。

（6）当股票名称前出现"XR"的字样时，表明当日是这只股票的除权日。XR是英语Exclud Right（除去权利）的简写。在除权日当天，股价也比前一交易日的收盘价要低，原因在于股数的扩大，股价被摊低了。

（7）当股票名称前出现DR字样时，表示当天是这支股票的除息、除权日。D是Dividend（利息）的缩写，R是Right（权利）的缩写。有些上市公司分配时不仅派息而且送转红股或配股，所以出现同时除息又除权的现象。

除权除息日当天，在炒股软件中，股价走势会出现一个明显的缺口，许多人由于错觉会觉得股价似乎"便宜"了，导致一些股票有可能会回补缺口，形成一波上涨走势。对一些大家都看好的优质股，这类回补缺口的走势出现的概率相当大，投资者要注意把握。

（8）股市曾经还有G股。所谓G股，就是已经实施了股权分置改革，并恢复交易的股票。因为"股权分置改革"中第一个词"股"的第一个中文拼音字母为G（g），为了和其他股票相区别，所以在这种股票的简称前加上特有的标识"G"。但随着股权分置改革的完成，G股基本已经不存在了。

16. 什么是委比与量比

量比与委比是盘口中的实时指标，它们可以帮助投资者及时地了解个股的买卖盘对比情况和成交量的变化情况等，是捕捉异动股、分析主力资金行为的有力工具。在股票软件的行情报价界面下，可以看到"量比""委比"这两个较为重要的盘口数据。如图3-1所示。

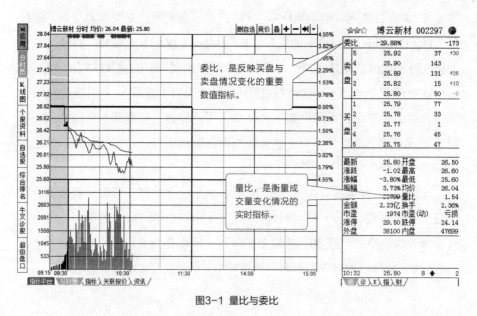

图3-1 量比与委比

（1）量比是一个衡量成交量变化情况的实时指标，它通过将当日开盘后的平均每分钟成交量与过去5个交易日的平均每分钟成交量进行相比，从而得出当日盘中的量能实时变动情况，是开始出现放量，还是开始出现缩量。其计算公式为：

量比＝现成交总手/〔过去5日平均每分钟成交量×当日累计开市时间（分）〕

不同的量比数值反映了不同的交投情况，也是多空双方交锋程度的直接体现，量比数值在1附近时，说明市场多空双方交投情况较为稳定，并没有出现明显的分歧，如果此前的个股走势有明确的趋势性，则多会仍旧沿着原有的趋势方向运行下去。

当量比数值低于0.5或者大于2时，可以认为个股出现了明显的缩量或放量，此时，投资者可以借助于量能的异动来分析主力行为，并提前预测价格的后期走势。

当量比数值低于0.5时，这是市场交投极不活跃的体现。当然，仅凭这种明显的缩量形态，是无法进行分析的，因为，不同价格走势下的缩量形态是具有完全不同的含义的。

例如，涨停板形态的量比数值小于0.5多预示着个股短期内仍将强势上涨，而跌停板形态的量比数值小于0.5则多预示着个股短期内仍将弱势下跌。

此外，明显缩量形态的出现，也是了解主力控盘能力的一种方式，一般来说，若主力手中持有大量的筹码，则势必会导致市场浮筹的大量减少，那么，当主力不采取行动时，个股的成交量自然也会出现明显的减少，从而出现缩量形态。

当量比数值大于2时，这是市场多空双方交锋趋于激烈的表现，也是多空双方分歧加剧的体现。这种多空双方分歧加剧的结果往往就是：一方被打败，而另一方会在随后的一段时间内占据明显的主导地位，因此，出现明显的放量形态时，我们往往会看到价格走势陡然加速。当然，价格走势的加速方向既可能是向上的，也可能是向下的，这取决于个股当时的实际情况。

（2）委比也是一个重要的行情数据，反映了委买盘与委卖盘在申报买入总数量与申报卖出总数量的比值情况。其计算公式为：

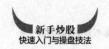
委比=（委买手数－委卖手数）/（委买手数＋委卖手数）×100％

从公式中可以看出，"委比"的取值范围从－100％至＋100％，当委比数值为正数时，说明委买手数大于委卖手数，市场买盘强劲；当委比数值为负值时，说明委卖手数大于委买手数，市场抛盘较强。委比值从－100％至＋100％，说明买盘逐渐增强，卖盘逐渐减弱。相反，从＋100％至－100％，说明买盘逐渐减弱，卖盘逐渐增强。

通过委比的数值大小及变化，可以更好地了解到委买盘与委卖盘的挂单情况，同时，也可以行之有效地发现主力的行踪。因为主力往往喜欢通过在委卖盘上挂出大压单或者在委买盘中挂出大单来达到控制股价走势的目的，至于主力挂出大单的目的意图如何，则要结合个股的综合情况来进行分析。

17. 什么是内盘与外盘

内盘是主动性的卖盘数量，外盘则是主动性的买盘数量，它们是实时的盘口指标，用于反映买盘与卖盘的盘中情况。股票交易发生在买方与卖方之间，促成一笔交易成功发生的可能性只有两种：一是卖方以买方的报价为标准，通过主动性地卖出来成交，这种情况也称为主动性卖出，它反映了卖方卖出股票的心态更为迫切；二是买方以卖方的报价为标准，通过主动性地买进来成交，这种情况也称为主动性买入，它反映了买方买入股票的心态更为迫切。如图3-2所示。

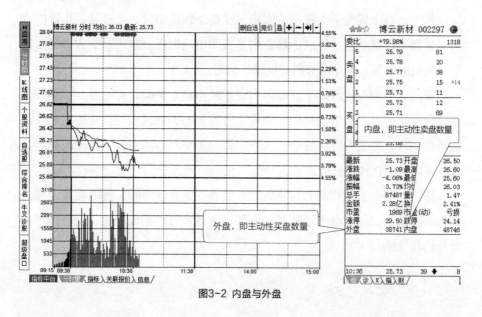

图3-2 内盘与外盘

在股票软件中，对于个股来说，用外盘来表示主动买入行为所成交的股票数量，用内盘来表示主动性卖出所成交的股票数量。就一般的情况来说，外盘大于内盘，说明主动性的买盘更多，是买盘力量较强的表现，多预示了股价的上涨；反之，如果内盘大于外盘，则说明主动性的卖盘更多，是卖盘力量较强的表现，多预示了股价的下跌。但是，由于主力资金往往会采用对倒手法，这会导致内盘与外盘信息的失真，因而，投资者还需结合具体的股价走势来分析。

第一，当个股经过较长时间的上涨来到高位区后，此时若是出现外盘大、内盘小，这种情况并不一定代表买盘力量很强大，因为这很有可能是主力事先在委卖盘中挂出卖单，随后再将其主动买入所产生的，这种自卖自买的手法多是为了制造一个大买单强力买入、大肆拉升个股的假象，从而吸引追涨盘买入，而主力资金的真实意图则很有可能是出货。此外，若是个股的成交较为清淡，则此时仅通过单笔的自卖自买的对倒操作，就可以实现外盘大、内盘小的情况，而这种单笔的对倒操作并不会对股价的走势产生明显的影响。

第二，当个股处于大涨后的高位区或是下跌途中时，此时若是出现内盘大、外盘小，且个股呈下跌走势，则多表明市场抛压沉重，是空方力量占据主导地位的体现，也是跌势仍将继续的信号。

第三，当个股经深幅下跌后而出现止跌企稳走势时，此时若是出现外盘大、内盘小，且个股走势呈现出放量上涨的形态，则代表有连续的主动性买盘资金涌入，是主力资金建仓的表现，也是多空双方实力发生转变的标志，预示着跌势正在转为升势。

第四，当个股经底部的震荡后，开始步入上升途中时，此时若是出现外盘大、内盘小，是买盘力量较强的表现，也是多方占据优势的体现，预示着升势仍将继续。

18．什么是换手率

换手率通常以"日"为时间单位，其计算方法是：换手率=某支个股当日的成交数量/此股的总流通股数量×100%，这一指标反映了某支个股的换手程度，主要用来反映个股的股性是否活跃。

换手率也称周转率，指在一定时间内市场中股票转手买卖的频率，是反映股票流通性强弱的指标之一，可以有效地帮助投资者识别一支股票的活跃度。

换手率是一个相对数值型的指标，它以百分比的形式呈现出来。投资者可以利用换手率来方便地比较出哪一支股票的交投更为活跃。如图3-3所示。

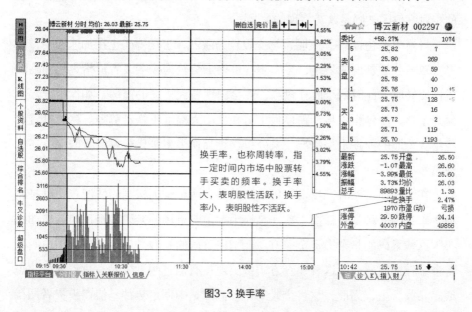

图3-3 换手率

一般来说，可以将3%的日换手率看作是交投活跃与交投平淡的分界点，当日换手率小于3%时，多意味着个股的流通性较差，是大量筹码不在散户投资者手中的体现，或是股市成交趋于萎靡不振的表现。对于第二种情况来说，投资者可以结合当时的市场环境得出结论。对于第一种情况，则要分析大量的筹码正被谁掌握着？此时，投资者可以通过查看上市公司前十大流通股东的持股情况，来分析这些流通筹码更多地掌握在谁的手中？如果前十大流通股东持有股票的数量较多，则应关注持有此股的是哪路主力资金，从而为分析个股的后期走势提供更多的依据。反之，如果前十大流通股东的持股数量较小，则多说明极有可能是有神秘的主力资金通过大量账户持有此股的筹码，应密切留意此股的走势，因为在这类个股中很容易诞生黑马股。

如果日换手率在3%~7%，表明市场交投气氛活跃，买卖双方的交投较为活跃，多发生在上升行情的发展阶段。此时，居高不下的换手率既保证了市场平均持仓成本的快速上升，也说明个股不会因累积过多的获利而抛压，这对个股的持续上涨是有利的；如果日换手率在3%~7%，而个股走势却呈现出下跌，则说明市场抛压较重，抛盘较多，如果此时的个股正处于持续上涨后的相对高位区，则是跌势将现的信号。

日换手率超过7%，表明市场交投较为激烈，市场筹码也在加速换手，是多空双方分歧加剧的表现，多发生在价格走势较为极端或者价格走势面临阶段性反转时，此时的个股在盘中往往会出现较大幅度的震荡，如盘中大幅度飘升走势、涨停板走势、跌停板走势和盘中大幅度下跌走势等。这时投资者应结合个股的前期走势情况，来分析这种高换手率是代表着资金的流入还是流出？

在关注换手率时，投资者可以重点关注两种较为极端的情况：一种是高换手率，另一种则是低换手率。高换手率说明市场的筹码在加速换手，如果买入这些筹码的是主力资金一方，而卖出筹码的是散户资金一方，则说明主力资金在加速建仓，这种建仓方式多出现在有消息刺激或是有热点支撑的短线黑马股身上，因而，这种个股的短期甚至是中期走势都是值得投资者期待的；反之，如果卖出这些筹码的是主力资金一方，而买入筹码的是散户资金一方，则说明主力资金在加速离场，是个股下跌行情即将出现的信号。至于高换手率究竟是意味着主力资金的加速建仓，还是意味着主力资金的加速离场，则要结合个股的所在位置区间、当日的盘中走势、是否有消息刺激和较高的日换手率、是否具有连续性等多种因素来综合分析。

如果说高换手率的一个重要作用是可以判断主力资金的建仓与出货这两种截然不同的行为，那么，低换手率则可以帮助投资者有效地识别主力的持仓量。在主力建仓或持续加仓阶段，个股往往会在一个区域内上下震荡，当主力建仓完毕而强势拉升个股时，如果是大量的筹码已经掌握在主力的手中，则个股在突破这一区域时，并不会出现较高的换手率，而这正是市场浮筹较少、大量筹码已掌握在主力手中的最好体现。

19. 什么是市盈率、市净率

在股市当中，我们经常会听人说起"市盈率"和"市净率"，这两个数值在炒股软件当中也十分常见，市盈率和市净率是衡量市场估值水平的重要指标。下面我们来了解一下这两个概念。

（1）市盈率（PE）是衡量股价高低和企业盈利能力的一个重要指标。市盈率又称股份收益比率或本益比，是股票市价与其每股收益的比值，计算公式是：市盈率=（股票的价格）/（每股收益）

由于市盈率把股价和企业盈利能力结合起来，其水平高低更真实地反映了股票价格的高低。如图3-4所示。

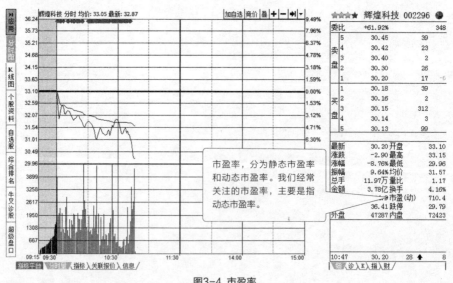

图3-4 市盈率

在现实中，由于企业的盈利能力是会不断改变的，因此投资者购买股票往往更看重企业的未来盈利能力。因此，一些发展前景被看好的公司市盈率较高，投资者也愿意去购买。预期的利润增长率高的公司，其股票的市盈率也会比较高。

例如，对两家上年每股盈利同为1元的公司来讲，如果A公司今后每年保持20％的利润增长率，B公司每年只能保持10％的利润增长率，那么到第十年时A公司的每股盈利将达到6.2元，B公司只有2.6元，因此A公司当前的市盈率必然应当高于B公司。投资者若以同样价格购买这家公司股票，对A公司的投资能更早地收回。

为了反映不同市场或者不同行业股票的价格水平，也可以计算出每个市场的整体市盈率或者不同行业上市公司的平均市盈率。具体计算方法是用全部上市公司的市价总值除以全部上市公司的平均每股收益，即可得出这些上市公司的平均市盈率。

一般来说，影响一个市场整体市盈率水平的因素很多，但最主要的有两个，即该市场所处地区的经济发展潜力和市场利率水平。一般而言，新兴证券市场中的上市公司普遍有较好的发展潜力，利润增长率比较高，因此，新兴证券市场的整体市盈率水平会比成熟证券市场的市盈率水平高。欧美等发达国家股市的市盈率一般保持在增长10%～15%倍，而亚洲一些发展中国家的股市正常情况下的市盈率则增长在30%左右。

另一方面，市盈率的倒数相当于股市投资的预期利润率。因此，由于社会资金追求平均利润率的作用，国家证券市场的合理市盈率水平还与其市场利率水平有倒数关系。例如，同为发达国家的日本股市，由于其国内的市场利率水平长期偏低，其股市的市盈率也一直居高不下，长期处于增长60%左右的水平。

市盈率除了作为衡量二级市场中股价水平高低的指标，在股票发行时，也经常被用作估算发行价格的重要指标。根据发行企业的每股盈利水平，参照市场的总体股价水平，确定一个合理的发行市盈率倍数，二者相乘即可得

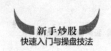
出股票的发行价格。

（2）市净率（P/BV）的概念。与市盈率类似，市净率指的是市价与每股净资产之间的比值，比值越低意味着风险越低。其计算公式为：

市净率=股票市价/每股净资产

每股净资产的多少是由股份公司经营状况决定的。公司经营业绩越好，其资产增值速度越快，股票净值就越高，股东所拥有的权益也越多。如图3-5所示。

	代码	名称	..	涨幅%	现价	涨跌	最高	最低	买价	卖价	市盈(动)	市净率↓	买量	卖量
1	000504	南华生物		-5.33	31.29	-1.76	32.97	30.95	31.29	31.30		10827	3	5
2	600556	慧球科技		+1.95	30.30	+0.58	31.48	28.92	30.30	30.32	2424	3720	485	17
3	000892	*ST星美		--	--	--	--	--	--	--		1797	0	0
4	000673	当代东方		-5.63	42.09	-2.51	44.39					1541	71	1
5	000017	深中华A		-4.57	22.34	-1.07	23.07				307	1012	30	45
6	601240	仰帆控股		-4.41	21.44	-0.99	22.22				833.4	757.8	59	8
7	600876	洛阳玻璃		-3.30	25.19	-0.86	26.30					724.9	2	23
8	600678	四川金顶		-2.55	27.85	-0.73	28.59					715.4	131	58
9	600892	宝诚股份		-2.84	63.06	-1.84	66.50					566.7	73	3
10	600509	华塑控股		-3.84	11.76	-0.47	12.34	11.51	11.76			310.1	75	31
11	600971	蓝鼎控股		-6.56	35.62	-2.50	38.45	34.94	35.62	35.65		265.3	46	25
12	600338	西藏珠峰		+7.32	35.77	+2.44	36.66	33.38	35.60	35.75		248.2	78	20
13	600771	广誉远	--	-2.72	51.54	-1.44	53.20	51.50	51.54	51.55		151.5	6	74
14	600769	祥龙电业		-0.20	14.93	-0.03	15.15	14.60	14.91	14.93	833.4	147.8	215	41
15	600800	天津磁卡		-10.00	19.80	-2.20	20.83	19.80	--	19.80		128.5	0	18.45万
16	600234	山水文化		-3.78	32.83	-1.29	34.00	32.45	32.80	32.83		126.8	92	600
17	600766	园城黄金		--	--	--	--	--			899.9	125.8	0	0
18	600681	万鸿集团		--	--	--	--	--				124.0	0	0
19	600603	大洲兴业		-10.00	22.05	-2.45	24.39	22.05	--	22.05		122.4	0	20600
20	600213	亚星客车		+1.78	18.85	+0.33	19.40	18.56	18.81	18.85		116.0	5	36
21	600083	博信股份		-2.50	18.30	-0.47	19.27	18.08	18.29	18.30	833.4	104.4	25	46
22	300022	吉峰农机		+3.79	21.37	+0.78	22.60	21.37	21.36		2806	98.54	59	67
23	600848	自仪股份		+6.67	30.07	+1.88	30.90	28.40	30.06	30.07		90.45	13	7

市净率，指市价与每股净资产之间的比值。市净率越低，意味着风险越低。

中小板 创业板 自选股 自定义 概念 地域 行业 指标股 基金 股转(新三板) 港股

图3-5 市净率

一般来说，市净率较低的股票，投资价值较高；相反，则投资价值较低。但在判断投资价值时还要考虑当时的市场环境以及公司经营情况、盈利能力等因素。

在同花顺软件中可以快速地查找到每股的市盈率与市净率的情况。

20．什么是高送转和除权除息

高送转，就是大比例的送股或转股，但它只是企业内部的资本重新配置，不能实现增值。因而，在高送转后应实施除权，以使得个股在实施高送转前后的总市价保持不变。高送转是国内股市的一大特色，上市公司的高速成长往往与其股本的扩张是同步且成正比的，而且高送转也往往是主力资金炒作的题材，这就使得具备了高送转题材的个股往往会成为翻倍的黑马股。

企业是以盈利为目的的一种组织型团体，当企业取得利润时，既可以将这些利润用于企业再发展中，也可以从中抽取一部分回馈给出资人。对于国内的上市公司来说，每当年报发布时，都会同时公布一个分红派现方案，这就是上市公司给投资者的回馈方式。一般来说，上市公司回馈给投资者的方式有三种：第一种是派现金，第二种是送红股，第三种是转增股。这三种方式还是存在着较大区别的，下面我们来简单了解一下。

（1）派现金，是指上市公司从所创造的利润中取出一部分，直接以现金的形式发放给持股者。现金分红之所以被投资者看重，是因为投资者往往都有一种"落袋为安"的心理，毕竟企业在未来的经营过程中要面临着较大的不确定性。如果上市公司在没有十足把握的情况下，将当年所创造的利润全部用于下一年度的发展中或是投资于某一风险领域，则股东就会面临着较大的风险。上市公司能否年年有稳定的分红回报也成为稳健型投资者衡量其信用，分析其投资者价值的重要原则之一。那些连年分红比例明显超过同期

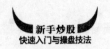

银行利率的企业，不失为投资者通过股市获取高于同期银行利率回报的一种
稳健选择。如图3-6所示。

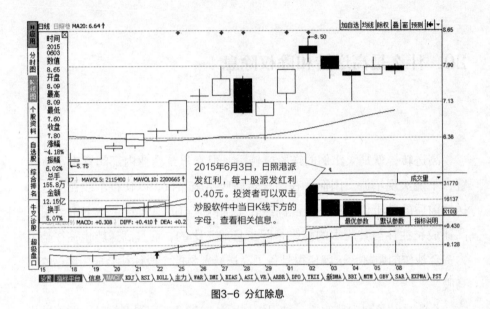

图3-6 分红除息

（2）送红股，是指上市公司将公司所创造的利润再度投入企业的发展
中，并且将这些利润以股份的形式送给投资者。送红股的实质是股东权益的内
部结构调整，并不涉及上市公司的现金流出，上市公司并不需要拿出现金。

（3）转增股与送红股相似，所不同的是，送红股是将企业年度所创造
的利润来作为红股送出，这就要求企业只有在盈利的前提下才可能实施送红
股方案；而转增股则是以企业的资本公积金为所要转增的股份，并不必然要
求企业一定盈利。

高送转是上市公司大比例送红股或大比例以资本公积金转增股本的分配
预案，比如每10股送10股或每10股转增5股等。在国内股市中，由于上市公司
的高速发展往往也是其股本规模同步扩大的过程，因而，那些实施高送转分
配方案的上市公司往往会被冠以"高送转"的美名，而实施高送转方案的个
股在其公布高送转方案前，往往也会得到主力资金的炒作。如图3-7所示。

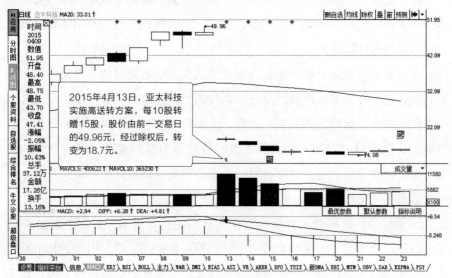

图3-7 赠股除权

此外，主力资金炒作高送转股的另一个重要原因在于，高送转方案正式实施后，由于会对个股实施除权操作，因而，其股价就会被大幅度地"打低"，例如，实施"10送10"的方案，由于股本规模扩大一倍，则每股的股价在除权后就应缩小一半，从而确保使其股票总市值保持不变。那么，什么是除权？为什么要除权？何时才除权？除权操作对投资者的买卖是否有影响？

除权操作，是指确保个股的股票总市值不因股本的扩大、派现的实施而出现断层，确保个股总市值的变化随着个股的涨跌而连续变化。因为个股的总市值已经实时、动态地反映了上市公司的各种情况，包括它所创造的利润、出现的亏损，无论上市公司如何利用这些利润、如何转增自己的资本公积金，这些毕竟只是股东内部权益的调整，并没能使得上市公司突然出现增值或贬值。因而，其股票总市值是不应随着这些派现金、送红股、转增股等分红方案而发生变化的。因此，当上市公司进行派发现金的操作时，上市公司派出了多少现金，就应在个股当前的总市值中减去多少；上市公司送出了多少股、转增了多少股，则就应相应地摊薄每股的股价。

对于买卖股票的投资者，有一个较为重要的问题，这就是，除权对投资者的买卖操作是否有影响？答案是否定的。下面我们就通过介绍除权的整个过程来对此进行解释。

当一家上市公司公布了派现方案或是送股方案或是转增股方案后，在未正式实施这一方案前，此股就是一支含权的个股，这种"权"是指投资者享有派现、送股、转增股的权利；随后，上市公司会公布未来的某一日为"股权登记日"，只要投资者是该日收市时持有该股票的股东就享有分红的权利。在股权登记日的下一个交易日，上市公司就会进行除权、除息（对于分红方案来说）操作，此时，股价会按相应比例变低。

对于那些在股权登记日收市前买入此股的投资者来说，虽然股价变低了，但是由于享受了所派现金或所送转的相应数量的股票，因而，其个股的总市值并没有变化；而对于在股权登记日之后买入此股的投资者来说，其买入的股票是除权后的股票，对其并不构成影响。可以说，能够让投资者获利的方式只能来自股票在二级市场中的上涨，而不是这种送转股或分红等方式的分配预案。

不过，高配送除权、除息方案出台，通常会在一定程度上带来一些行情，大致可以分成两种情况。

第一，填权行情。某些个股在实施高送转方案后，股本相应扩大，股价相应变低，但是由于其股价仍能在业绩的高速增长下持续上涨，因此往往能够很快填补前期除权所留下的空白区域。这种走势称为填权行情，这种行情的不断出现也正是上市公司业绩高速增长的典型体现。

第二，除权出货。有些股票在除权后，并没有出现填权行情，这是因为此股的业绩完全不支持它走出填权行情，而主力资金也有意借助于它在除权后所形成的低价视觉效果进行积极的出货。在这种双重压力下，此股也就自然而然在除权之后，在低位区出现了长期的震荡走势。

21. 什么是公开增发与定向增发

公开增发是已上市公司在二级市场中，面向普通投资者，通过增发新股来募集资金的行为；定向增发则是已上市公司面向少数机构投资者或上市公司大股东发行新股份的行为。两种增发方式的侧重点不同，对个股走势的影响也不同。

（1）公开增发。公开增发也称为增发新股，是指上市公司通过向二级市场中的普通投资者增发新股来募集资金的一种行为。公开增发所面向的投资者为二级市场中的广大普通投资者，并且已持有上市公司的投资者在申购这些增发股时有一定的优先权。由于股市是一个资金推动市，而股价的涨跌就直接源于二级市场中的买盘力度，因而，公开增发对二级市场中的资金有"抽血"作用。

公开增发的主要目的是为上市公司提供生产发展中所需的资金流，但也不能完全排除一些上市公司利用自身的上市资格从二级市场中进行恶意的圈钱。为了避免这种情况，证监会对那些欲进行增发新股的上市公司设定了一定的门槛，上市公司申请增发新股，除应当符合《上市公司新股发行管理办法》的规定外，还应当符合最近3个会计年度加权平均净资产收益率平均不低于10%，且最近1个会计年度加权平均净资产收益率不低于10%等条件。

在大牛市行情下，沪深股市一路上涨，很多上市公司都借此良机实施了增发行为，以此募集到更多的资金投入企业的发展中。公开增发时的增发价是随行就市的，但有所折让，增发价如果折让较多，就会引起市场追逐，对

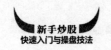
二级市场的股价反而有提升作用，相反，如果价格折让较少，可能会被市场抛弃。

需要注意的是，投资者不能通过申购增发的股份而直接获利，只有个股在实施增发后，其二级市场的价格出现了上涨，这些申购的增发股才能获利。

（2）定向增发。与公开增发有所不同，定向增发的对象是特定的机构投资者或是上市公司的大股东，因而，定向增发行为并不会对二级市场的资金产生"抽血"的作用。由于定向增发所募集到的资金往往用于收购优质资产，因而，这一市场行为可视作是明显的利好。

此外，上市公司的资产注入、整体上市等行为也是通过定向增发方式来实施的。

除了所面向对象的不同，定向增发与公开增发还存在着以下几点区别。

第一，公开增发的大多数股份都是通过网上申购完成的，因为公开增发所面向的投资者群体是散户投资者，而散户投资者的买卖股票操作都是在网上完成的；而定向增发由于面向少数的机构投资者或是上市公司的大股东，因而，它的增发行为是通过网下配售完成的。

第二，公开增发的增发价是随行就市的，但定向增发则不同，一般是以公布定向增发预案时的市场价为参照，且发行价不得低于当时市场均价的90%。如果在具体实施定向增发方案时，市价有所变化，但是变化又不是很明显，则定向增发价一般不会变化。总的来说，定向增发价，折让不能太高，否则就会打压二级市场的股价。

第三，锁定期限不同，公开增发没有锁定期限，定向增发则有锁定期限。根据《再融资管理办法》规定，对于定向增发行为而言，规定了其发行对象不得超过10人，发行价不得低于市价的90%，发行股份12个月内（大股东认购的为36个月）不得转让。可以说，定向增发所发售的股份至少在这一方案实施后的12个月内不会对市场造成压力。

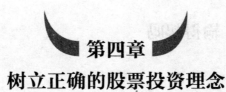

第四章
树立正确的股票投资理念

投资理念，简单地说，也就是投资思路，指导投资行为的思想方法。就国内证券市场的中小投资者而言，大部分都热衷于短线投机的思路，追求一夜暴富的神话，实际上，可以说并没有形成正确的投资理念。本章将介绍一些投资理念，将开拓你的思维，让你更加透彻地了解投资的本质，这将有利于你建立一套真正属于自己的稳定盈利交易系统。

22. 问自己：输得起吗

　　所有准备炒股的人，首先要问自己的一个问题，不是有没有技术、懂不懂知识，也不是有没有计划、能赚多少钱，而是是否输得起。没错，你最应该问自己的一个问题就是，真的输得起吗？

　　别拿输不起的钱去炒股。拿自己的养老钱、看病钱、上学钱去炒股，妄图在短时间内大赚一笔然后退出，过逍遥自在的日子，这是最可怕的做法。

　　妄想固然美妙，但它会让人忽略现实的残酷。股价的些许波动都会在投资者心中产生巨大的影响，使其无法保持炒股所必须具有的那种冷静和观察力。许多人将因此而陷入情绪化交易的陷阱中，不断亏钱。

　　现在大学校园里流行一股炒股甚至是炒期货的潮流，引起了社会各界的关注。由于大学生还在校学习，没有独立收入，只能通过向家里借钱、信用卡套现甚至挪用生活费、学费等方式来筹集资金，导致他们的操作也跟着扭曲起来。

　　重庆某高校学生小何，在开学前几天，看到自己的中学同学靠炒股在3个月内赚了4万元，眼热不已。小何认为，自己就是学金融的，所学专业是自己的优势之一，应该比同学做得更好。于是，在对股票一知半解的情况下，将一学年的学费加上大部分生活费总计近1.2万元投进了股市，并向校方提交了缓交学费申请。

　　10月初，小何购买的股票下跌，12000元瞬间变成了8000元。他不甘心，抛掉后又重新选股，但运气不佳的小何眼看着别人的股票一路上扬，自己的却只跌不升。换了几次股后，5个月的时间他投入的一万多元基本亏光。还导致上学期的期末考试，小何有两科不及格。

不久后，学校的催款通知寄到了小何家里，父母这才知道儿子用学费去炒股。小何家里经济条件并不宽裕，父亲务农，在一家缝纫厂上班的母亲不得不找了一份晚上在酒吧做清洁工的工作，为儿子重新筹集学费。

母亲许女士说，没想到儿子不跟他们商量就把学费拿去炒股。而小何说，本想赚了钱给父母一个惊喜，没料到却是现在这种局面。

小何的第一次投资失败很正常，在他人生的长河中这是极其宝贵的一笔财富。他失败的原因有很多，其中资金来源不当肯定是一个重要的因素。因为这些钱都来自学费，他输不起。

所以，切忌拿自己的生活费来股市碰运气，这样一入市就会患得患失，很容易做出错误的决策。

23. 追涨杀跌还是低吸高抛

如果我们把股票交易看作是一种游戏，这种游戏的获利方式并不是随机的，它有其自身的获利机制，它是不以投资者的意志为转移的。参与者要想在游戏中获取利润，不仅要熟识它的获利机制，而且要恰当地利用它。下面我们就来讲一讲国内股市中的获利机制。

国内股票市场是一个以做多获利机制为主导、做空获利机制为辅助的市场。2010年，证监会推出的"融券"业务则属于做空获利机制，这使得少数股票具备了做空条件，但由于融券业务所涉及的资金门槛较高、交易成本不菲，且仅限于少数的大盘股，因而，它仍然远离于普通的散户投资者。

对于国内的绝大多数投资者而言，要想在股市中获利，仍然需要遵循低买高卖的做多方式来实现。因而，在大盘持续上涨时，大多数的投资者是盈利的；而在大盘持续下跌时，大多数的投资者就会出现亏损。在做多获利机制下，主要有两种操作思路：追涨杀跌和低吸高抛。

（1）右侧交易，又称追涨杀跌。在股票价格上涨的时候买入金融产品，以期待涨得更多，然后以更高的价格卖出获利了结。在金融市场价格下跌的时候卖出金融产品，以更低的价格买入，以获取价格下跌的收益。当然，追涨杀跌的操作思路，不是看到股价上涨就追，看到股价下跌就杀，有效的做法是在技术指标确认上涨趋势之后买入，在技术指标确认下跌之后卖出。

追涨杀跌的右侧交易手法，从表面上看，是在顺势而为，但是风险在于不知道"势"的尽头在何处，并且往往会追到顶部或杀到底部，这是使用这种交易方法最大的风险。为了确保"追涨杀跌"交易手段的效果，投资者要注意以下几点。

第一，重点关注K线图上涨或下跌的态势，只采用诸如日K线组合形态、移动平均线、MACD（指数平滑移动平均线）、趋势线等趋势性指标，而不要采用像KDJ（随机指标）、RSI（强弱指标）等摆动性指标。

第二，交易仓位可适当重一些，资金管理方面可宽松一点，通常首次进场仓位的资金量可为总资金量的30%，甚至更高一点。

第三，必须使用随时和快速的止损策略来为交易保驾护航。没有止损策略的配合，不宜采用追涨杀跌的操作手法。必须要有一套经过实践证明行之有效的止损方法。

第四，要有豁达的心态，勇于壮士断臂。患得患失的投资者不适宜采用追涨杀跌的手法。

（2）左侧交易，又称低吸高抛。低吸高抛需要一定的勇气，投资者不仅要相信自己对基本面分析的结果，而且不到万不得已不采用止损策略。低吸高抛的入场理由是对基本面进行了全面、深入的研究，以价值投资为出发点，认为股价已经偏离了商品的实际价值，最终理应回归合理价格。除非分析的结果出现错误，否则没有理由轻易止损出局，并且要越跌越买、越涨越卖。

运用"低吸高抛"的左侧交易手段，投资者要注意下面几点。

第一，必须随时深入细致地研究基本面因素，以获得客观公正的结果，避免人为主观判断。不过，对于新手投资者来说，难度非常大。因为采用基本面分析法，一则需要丰富的经验和专业知识，二则需要及时全面的信息和资料，然而这两方面的要求往往只有专业的投资机构才具备。

第二，不轻易采取图表或技术指标止损的方式出局，除非基本面因素确实发生了逆转，导致持仓的理由丧失才果断出场。

第三，为防止行情出现极端走势，采用这种交易手段对资金管理要求非常严格，通常首次进场仓位的资金量不宜超过总资金量的10%，甚至5%，必须做好逆势加仓三次的准备。

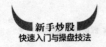
24．做短线、中线，还是长线

虽然低买高卖的做多获利机制很好理解，但要想在实盘操作中实现低买高卖却并不是一件容易的事情，这需要投资者对价格走势有较强的预见力。此外，投资者因为操盘风格不同、性格不同和对股市的理解不同等因素，在具体实现低买高卖操作时，也会有不同的方式。初入股市，一旦开始实战，不可能不问一下自己：到底是做短线、中线还是长线呢？

（1）短线通常是指持股周期在一个星期或两个星期以内的交易。持股甚至短到只有两三天。做短线的投资者，一般只想赚取短期差价的收益，通常不会去关心股票基本面的情况。

短线主要依据技术图表来分析。一般的投资者做短线通常都是以两三天为限，一旦没有差价可赚，或股价下跌，就立马平仓，或被动止损，一走了之，再去找其他的股票做短线。短线一般是快进快出，对收益要求不高，短线要有严格的操盘纪律，看错了马上要止损，有收益要设立止赢，以戒除贪心。

短线特别适合T+0的交易制度，在美国、日本等T+0市场上甚至出现了日内超短线交易。我国T+1的交易制度下，股票卖出，你还可以再买回来。而当天买进来的股票第二天才能再卖出，这对做短线是有影响的。短线投资者要注意这一点。

短线快进快出、操作灵活，可以回避大盘和个股的系统性风险，回避庄家的震仓折磨。但其缺点也是很明显的。

第一，由于A股实行的是T+1的交易制度，短线买进无法回避当天下跌的风险。

第二，就像没有人能够看准另一个人每天的情绪变化一样，股票短线波动的随机性也很大，其上下起伏会受到大盘、个股、政策信息环境的影响，甚至庄家的一个习惯、脾气，都会导致股价短线的波动。从某种程度上说，股价的短线波动就像瓶子里乱飞乱撞的一只苍蝇，没有人能猜到它下一刻乱飞的方向。因此短线每次做对的概率较小。

第三，短线交易从某种程度上说就是频繁交易，而投资者必须交纳印花税和股票过户的手续费。交易次数少还可以忽略这些手续费，但交易的次数多，就是一笔难以承受的成本。实际上，我国的交易制度也正是为了抑制做短线而设立的。

所以，在国内做短线是非常不利的，我们很少见到一个股民能够依靠长期坚持做短线发家的。

（2）中线一般是指持有股票一个月，甚至能达到半年左右的交易。做中线的投资者，一般是想赚取中期波段的收益。

由于持股的时间周期比短线长，中线投资者在投资前就要对股票的基本面作一番了解和分析，从而对上市公司一段时间内的表现怀有信心，并选择认为股票价格较合适的时机再买入，一般持有一个月甚至半年左右，以静待股价的上涨，以博取中期的收益。一般来说，中长线投资要达到20%以上的收益，才有持股必要。

中线操作的方法较为简单，但对人心态的要求却最高，操作上只要中期上升趋势不变就一路持有，要防止被中途的回调震出去。只要中期趋势下跌就空仓等待，要防止自己因手痒而情绪化买入。

在中国股市里做中线的优点是很明显的。它在回避下跌风险的同时，能够主动追踪趋势性行情，吃掉主要的上涨波段。如果做得好的话，其收益将会非常惊人。因此，许多专业性的交易者都是做中线的。

中线的缺点是不能回避短线股价的波动。等你看出中线上涨时，市场已经不是底部；当你看出股市已经走坏时，股价已经下跌了一段。所以，中线

的本质就是吃中段的，不要妄图做中线还能抓底摸顶。

（3）长线是指持股周期在一年以上，甚至10年、20年的交易。投资者做长线，一般是看好某国、某上市公司的发展前景，希望通过时间的积累来分享这种发展所带来的硕果。

许多价值投资者都是做长线的。当他们对某支股票的未来发展前景看好时，就不会在乎股价短时间的涨跌和波动，在某只看好股票的股价进入历史相对低位时买入股票，作长期的投资。

长线的优点是操作省事，买好就放着，不必天天操心。只要选的个股处在行业的上升周期里，长线持有的成功率是最高的。只要股票选得好，不比做短线、中线赚得少，甚至能远超短线、中线。

然而，长线的缺点也是最明显的。因为长期持有，不管任何波动，所以有时候无法回避大盘的系统性风险。

如果打算作长线，要选成长性好，不会倒闭，不做假账，信誉好的，历年分配好的上市公司，才能作为首选的对象。但这只是最常见的选股逻辑，一些智慧超群的人，总能根据现实发掘出自己独特的"选股逻辑"，进而无往而不胜。但这种智慧是短期内学不来的。

25．你能控制交易的欲望吗

重仓交易、频繁交易、逆势交易、不止损，是绝对不允许发生的四件事。这一理念适用于所有的投资领域，特别是在期货、外汇保证金领域，表现得极为直接。

第一，重仓交易会直接导致心态发生变化，不管何种原因导致的重仓交易，一旦你把大部分兵力都派出去，你的心将再也难以保持平静、客观，你只能惴惴不安地等待一个你控制不了的结果。

第二，频繁交易的过程，也是一个心态慢慢不理智的过程，你将逐渐失去耐心甚至发狂，直至爆仓，最后你会惊奇地发现，你频繁交易的手续费竟然比本金还多。

第三，逆势交易走的是"小赚大亏"的路子，不管你的投资技能有多么高超，只要走上了这条路，你终将爆仓或倒闭。

第四，不止损，胡乱止损，就像战场上那些不知道保存实力、盲目争强斗狠的莽夫，不管你以前侥幸地获得了多大的收益，最终它都不属于你。

外汇账户一年内五次爆仓，你能挺过来吗？这是笔者朋友的真实经历。事情就发生在2008年年底到2009年年底期间，这位朋友好在知道自己技术没有过关，入金都比较轻，第一次入金是500美元，第二次500美元，第三次是1000美元，第四次是1500美元，第五次是2500美元。

第一次爆仓原因，逆势、5分钟频繁交易、不止损；第二次爆仓原因，逆势、5分钟频繁交易、重仓、不止损；第三次爆仓原因是跟所谓做了二十年

外汇的前辈的单子，也许他自己能处理临时发生的情况，但跟单者是没有能力处理的，最后也爆了。

分析爆仓原因，也不过是跟单、逆势、不止损死扛等。特别是第四次爆仓原因，这个账户曾翻倍过，但最终没有按交易计划执行，逆势、重仓、不止损而爆仓；而第五次爆仓原因，这个账户曾做到6000多美元，最终也是没有按交易计划执行，重仓、频繁交易而爆仓，具体细节没有必要描述。

朋友曾语重心长地说，爆仓的原因基本都是这些：逆势、重仓、不止损、频繁交易等，还有自己的短线操作思维，基本都是1小时图、5分钟图表、1分钟图表的操作。但话又说回来，如果没有这一次次爆仓的切肤之痛，这些导致爆仓的习惯你能完全克服吗？你能在这种情况下，还能在市场上坚持活下来吗？这是需要无穷的信念和意志力才可以做到的，就是要高度相信，自己在交易的市场上是一定可以成功的！

你要做一个能盈利的投资者，必须杜绝这四种投资习惯，这是基础。

26．你有严谨的交易计划吗

每一次入市前，都要做好计划，因为不能打无准备之战。对于一般投资者来说，即使不将交易计划形成书面文字，也要在心中有个基本的打算。通常来说，交易计划包括以下几个要点。

第一，市场分析。投资者通过对市场基本面和技术面的综合分析，对价格走向以及运动幅度作出判断。

第二，盈利目标与亏损限度的评估。盈利目标的设定与投资者所用的交易理论密切相关。特别是波浪理论、江恩理论，对行情走势具有测算的功能，盈利目标的设定可以参照这些理论。亏损限度的制定因人而异。一般地，对短线操作来说，持股亏损超过10%，就说明判断出了问题；对于中线操作来说，持股亏损超过20%以上，就说明中期方向的判断可能出现了失误。另外，以技术图形进行止损的投资者，应将技术止损点设在有效支撑位以下，或者阻力位之上，以避免落入价格的"毛刺"陷阱。

第三，进出场时机选择。对于普通投资者来说，把握好进出场时机是每一笔交易取得成功的关键，这与投资者所选择的交易工具密切相关。本书后面几章所描述的大多是这个关键因素。

第四，严格的资金管理。除非有十分的把握，否则不要重仓出击。一般先建立初始的头寸，当市场证明自己的判断是正确的时候，再行加码。

第五，尽可能全面的应变措施。市场是变化的，行情走势也常常出乎我们的预料。因此，交易计划中应该有明确的应变措施。最好列举出市场可能

出现的几种情况，准备好在不同的情况下应该采取的应对措施。

制订交易计划要以客观和实用为基本原则，应贯彻"限制亏损，滚动利润"的基本交易原则。不少交易者一旦进入瞬息万变的市场，常常会临时改变自己的交易计划，追随市场的短期波动而盲目买卖，这是万万不可的。交易计划是投资者在比较理智的状态下对市场客观思考的结果，因此，只要计划制订的前提没有改变，我们就要严格执行它。

但投资者还要注意的是，计划不是死的，不能像顽石枯木一样死板，还要兼顾主动性、灵活性。三者如何协调统一，需要操作者自己在实践中去悟，正所谓"运用之妙，在乎一心"。

27. 你知道资金管理吗

炒股要做好资金的管理，这是实现稳定的必然前提。投资者要明白的是，做股票需要把资金、心态、理念和技巧结合在一起，最终形成一种综合性的操作系统。从某种程度上来讲，资金管理比交易方法本身还重要。众多投资者的实战经验都显示，即便亏损的次数远超过盈利的次数，但只要能够控制好自己的仓位，判断正确时顺势加码扩大战果，判断失误时及时脱身，这样几次大的盈利足以弥补数次小的亏损，也会达到良好的业绩。因此，投资者在开始实战之前，要做好资金管理，控制投资风险。

资金管理的具体方法则因人而异，没有绝对固定的模式。以下是一些常见的经验之谈。

第一，当大盘稳步上升时，要保持七成仓位，等待手中股票都获利时，增加仓位，最终可满仓持有，直至牛市结束再全部清仓。

第二，大盘处在箱体震荡中或调整初期，保持四成至六成仓位，手中股票逢高及时减磅，急跌时果断买进，见利就收，快进快出。

第三，在大盘处于低迷时，不要抱有侥幸心理，要忍痛割肉，落袋为安，等待时机。

第四，无论什么时候，都不建议满仓操作。投资管理的核心在于承认无法确知的未来并采用适当的方法来应对，比如像2008年股市调整的底部，投资者是无法确知的，但可以通过仓位调整来应对，估值低于合理水平增加仓位，估值明显超过合理水平则减少仓位。另外，投资者还要加强对个股的选

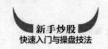

择，不要把鸡蛋放在一只篮子里，否则研判不准的话，可能会受到重创。

第五，投资者还可以通过调整持仓结构来控制风险。实际上，调整持仓的结构也是控制仓位的一种，比如在大盘处于震荡时，投资者可以将一些股性不活跃、盘子较大、缺乏题材和想象空间的个股逢高卖出，选择一些有新庄建仓、未来有可能演化成主流的板块和领头羊的个股逢低吸纳。

第六，操作理念和风险承受能力如何也是控制仓位的参考之一。比如，投资者做的是短线，承受能力较强，仓位就可以高些。而如果你打算做长线，那就守住某些价值投资股票，在股价急跌的时候少量加仓，在股价急升的时候逢高减仓，这就是典型的"看长做短"，也是比较明智的仓位控制办法。

不管采用何种仓位控制方法，关键还在于执行，投资者不能凭一时冲动，随便动摇自己制定的仓位控制标准。炒股要做好两件事：在容易赚钱的多头格局中争取一点利润，在容易亏损的不利格局中守护好资金。前一件事大家都乐意做，多数人是败在第二件事上，其实第二件事比第一件事好做多了，把握不好买点，难道休息还不会吗？其实，越是简单的事常常越难做到位，把简单的事做好就是不简单。

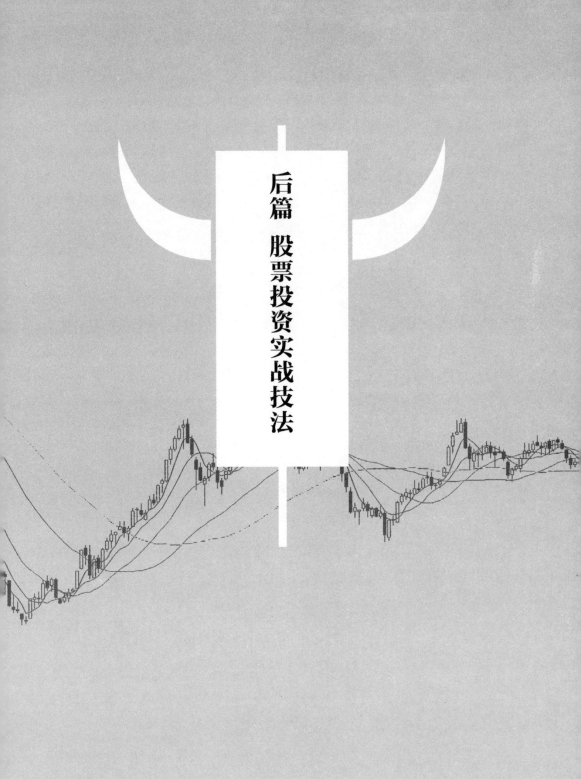

后篇　股票投资实战技法

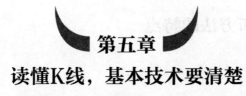

第五章
读懂K线，基本技术要清楚

K线是一切技术分析的基础，是技术分析的重点。本章主要是让大家了解K线的基本知识，明白K线的基本原理，知道K线系统能够对股价的走向起到预测作用。了解各种K线的基础知识之后，再配合一些实际操作的练习，你会发现学习进展特别快，用不了多久，你就能捕捉到暗藏在K线形态背后重要的获利密码信息。

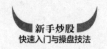

28．K线分析方法的特点

K线图是一种股票投资常用的技术分析方法，起源于古代日本的大米交易市场。1990年，美国人史蒂夫·尼森将日本的K线技术分析方法引进西方。随后，K线技术分析风靡全世界，成为技术分析方法的核心。因为K线形似蜡烛，有阴阳之分，所以K线图又叫蜡烛图、阴阳线图。

K线图具有直观、立体感强、携带信息量大的特点，能充分显示股价趋势的强弱、买卖双方力量平衡的变化，预测后市走向时较准确，因此是投资者分析股市的最佳选择。投资者只需通过对K线图实体的阴阳变化以及上下影线的长短屈伸进行深入分析，就可以判断出多空双方力量的对比和后市的走向。

通常来讲，收出阳线，说明买方的力量强过卖方，经过一天多空力量的较量，以多方的胜利而告终。阳线越长，说明多方力量胜过空方越多，后市继续走强的可能性越大。相反，若是收出阴线，表示卖方力量强过买方力量，阴线越长，说明空方力量胜过多方越多，后市走弱的可能性越大。不带上、下影线的K线为光头光脚的K线，这在股市上比较少见。后面我们再具体分析。

影线代表转折信号，向一个方向的影线越长，越不利于股价朝这个方向变动，即上影线越长，越不利于股价上涨；下影线越长，越不利于股价下跌。阳线带上影线，说明多方胜利得来不易，虽然暂时取得胜利，继续上升有困难。阳线带下影线，说明空方虽然企图打压，但以多方的胜利而告终。

阴线带上影线，说明多方虽然企图上升，但以空方的胜利而告终。阴线带下影线，说明卖方势力在减弱。

在实际操作中，实体大小代表内在动力，实体越大，上涨或下跌的趋势越明显；反之，趋势则不明显。以阳线为例，其实体就是收盘高于开盘的那部分。就如质量越大与速度越快的物体，其惯性冲力也越大的物理学原理一样，阳线实体越大，代表其内在上涨动力也越大，其上涨的动力将大于实体小的阳线。同理，可得阴线实体越大，下跌动力也越足。

值得注意的是，当K线的实体由于开盘价与收盘价相等或十分接近而变得很窄，而上影线和下影的长度也差不多时，称之为"十字星"。十字星往往是个转折点，如十字星出现在连日上涨之后，就可能是下跌的信号；如十字星出现在连日下跌之后，就可能是上涨的信号。如果K线的实体很窄，而影线的一侧很长，构成"T"字形，也和十字星一样，常常是转势的信号。

另外，K线组合是由多根K线按不同规则组合在一起形成的一组K线，K线组合所包含的信息更加丰富多样。

例如，在涨势中出现乌云盖顶K线组合，说明可能升势已尽，投资者应尽早离场；在跌势中出现旭日东升K线组合，说明股价可能见底回升，投资者应不失时机地逢低建仓。

可见，各种K线形态正以它所包含的信息，不断地向人们发出买进和卖出的信号，为投资者看清大势、正确地买卖股票提供了很大的帮助，从而使它成为投资者手中极为实用的操盘工具。

当然，K线图也有缺点，那就是阴线与阳线的变化繁多，对于初学者来说，在掌握分析方面会有相当的困难，不及线图那样简单易懂。

尽管用K线描述市场具有很强的视觉效果，但一些常见的K线组合形态只是根据经验总结了一些典型的形状，并没有严格的科学逻辑。投资者需要清楚地认识到，任何的技术分析方法都不是绝对的、万能的，K线也不例外。因此，投资者在实际操作中对一些K线图的注意事项应加以关注。

第一，应用K线图要注意时机。比如，如果阳线出现在盘整或股价下跌

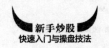
趋势末期时，说明股价可能会开始反转向上。如果阴线出现在盘整或股价上涨趋势末期时，说明股价可能会开始反转向下。

第二，因为K线仅表示股票价格，所以应用时应配合成交量观察买方与卖方强弱状况，找出股价的支撑区与压力区。

第三，每日开盘价与收盘价易受主力庄家影响，因此也可参考周K线图，以每周初开盘价、每周末收盘价、每周最高价、每周最低价绘制K线。因为主力庄家较难全盘影响一周走势。

第四，股市的变动是复杂的，而实际的市场情况可能与投资者的判断有距离。统计数据可以证明，仅仅依靠K线组合来研判后市走势的成功率并不是很高。

第五，K线分析方法必须与其他方法相结合。因为K线分析方法并不是完美无缺的技术，这一点同其他技术分析方法是一样的。与其他分析方法相互配合，才可以尽可能地提高胜算率。

第六，学会分析投资者心理。K线形态是股价波动的反映，而股价波动是多空双方力量权衡的结果，它反映了交易双方的心理变化过程。所以，透过股价波动的表象，去分析投资者的投资心理，就可以把握各种K线的变化趋势。

第七，日线、周线、月线综合使用。同样的K线组合，周期越长，可信度越高。日K线在日常分析中运用得最多，但是骗线的概率也最大，所以投资者在用日线进行分析的同时，还应该结合周线、月线共同研判。

第八，掌握K线组合形态的精髓。投资者通过深入学习就会发现K线形态具有很多的相似性，这也在使用中给投资者带来了一定的困难。为了避免误认，投资者对相近的图形要反复比较，真正搞清楚它们的区别所在。

第九，要灵活应用。K线组合形态只是经验总结的产物，投资者如果一成不变地照搬组合形态，有可能长时间碰不到合适的机会。因此，投资者应以实际情况为出发点，灵活应用K线组合形态分析。

总而言之，任何方法都不是完美的，K线反映的是已经发生的过去，但是过去不能决定现在，股市的现在是由投资者对于未来的预期决定的，所以K线分析同样有其局限性。这就是运用技术分析的风险，切不可按图索骥地使用K线组合买卖股票，你需要学习和掌握K线分析方法，需要思考，而不是按部就班地使用K线。记住，多收集、分析各种牛股的走势特点，积累出经验，然后在实践中灵活运用。

29．K线基本类型简要分析

以K线的形态分类，则大致有下面18种类别，读者可以仔细了解一下。

（1）光头光脚阳线，它既无上影线也无下影线，对行情有明显的指示作用，若它在行情启动的初期出现，配合巨量，是庄家建仓的信号，是良好的买点；若出现在股价反复拉升的后期，配合巨量，通常是庄家出货的明显征兆，投资者可在该线出现的当日或次日，根据走势逢高卖出。

（2）光脚阳线，只有上影线没有下影线，在行情启动的初期是良好的买入信号；在行情反复上涨的后期，则是冲高受阻的表现，投资者要防止股价回落。

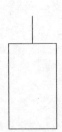

（3）光头阳线，只有下影线没有上影线，走势比光脚阳线强，上攻的力度较大，在行情启动的初期出现通常是行情止跌企稳并将大幅上攻的买入信号；在行情反复拉升的后期，则有庄家尝试出货的迹象，投资者要关注接下来几天大盘或个股的走势，才能确定进出。

（4）大阳线是指阳线实体较大，带有上下影线，对行情的指示作用和前面三种阳线类似。

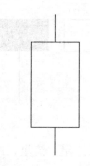

（5）小阳线是指实体非常小的阳线，既有上影线也有下影线，但上下影线都不长。小阳线若出现在行情反复下跌的末期，有止跌企稳的信号；若出现在行情反复上涨的后期，则是上攻无力和行情即将结束的标志；如果在上涨或下跌途中遇到小阳线，则无任何重大意义。

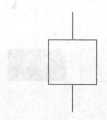

（6）星形阳线，又叫小阳星、阳星，是指实体很小的小阳线，上下影线也极短。K线缩短是一种收敛形态，体现了买家的一种犹豫和僵持的情绪，若在股价上涨和下跌的中途出现，没有任何意义；但若在波段高位或波段低位出现则是重要的变盘前兆。

（7）长下影K线，也叫上吊线、锤头线，K线实体较小，但有长长的下影线，阴阳皆有。若出现在高位，是见顶的经典信号，叫作上吊线；而出现在低位，则是探底回升、行情即将上涨的重要信号，叫作锤头线。

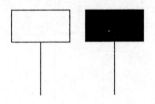

（8）长上影K线，也叫射击之星、流星，K线的实体较小，但有长长的上影线，阴阳皆可。若出现在波段高位，是冲高受阻、股价即将回落的见顶信号，就叫作流星；若出现在波段低位，则是止跌企稳、主力向上试盘、即将发动行情的重要信号，则叫作射击之星。

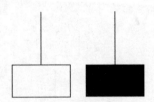

（9）光头光脚阴线，既无上影线，也无下影线。若出现在波段高位叫长阴墓碑，是主力高开后一路放货的标志，是明显的见顶信号；若发生在低位，则是主力制造骗线、骗散户筹码的常用手段，行情即将转好。

（10）光头阴线，只有下影线，没有上影线，一般代表趋势看淡，但多方稍有抵抗的局面。

（11）光脚阴线，只有上影线，无下影线，此种K线比光头阴线更悲观，后市以看跌为主。

（12）大阴线是指阴线实体非常大，既有上影线又有下影线的一种K线，通常后市看淡。

（13）小阴线是指阴线实体较小的K线，有不太长的上下影线。若出现在波段高点，是明显的上攻受阻、波段见顶的信号；若出现在波段低点，则是做空动能减弱、行情即将转强的信号。

（14）星形阴线，又叫小阴星、阴星，是实体极小的阴线，带有不太长的上下影线。此线是小阴线的收敛形态，与小阴线的意义相同，但比小阴线有更强的转势指引。

（15）"一"字线就是"四值同一线"，即开盘价、最高价、最低价、收盘价四值相同，阳线为涨停，阴线为跌停。在上升趋势里，这是股票极强势的体现；而在下跌趋势里，这是股票极弱势的体现。

（16）"T"字线即开盘价、最高价、收盘价同值的K线，它有长长的下影线，可阴可阳。在波段高位是主力试盘出货的见顶信号；而在波段低位则是探底回升、股价趋势将转好的信号。

（17）倒"T"字线即开盘价、收盘价、最低价同值的K线，有长长的上影线，可阴可阳。处在高位，是股价上攻受阻、即将见顶的重要信号；而处在低位，则是主力上攻试盘、即将发动行情的重要信号。

（18）十字星即开盘价与收盘价同值、上下影线长度相近的K线。十字星是K线收敛到极致的一种体现，多空僵持到均衡阶段，是行情即将变盘的重要标志性K线。若发生在反复上涨后，趋势以看跌为主；若发生在反复下跌后，趋势以看涨为主。

以上就是K线的种类，对于这些K线，投资者需要熟悉其形态，更要了解其内涵，如果能够进一步看到背后的投资心理变化情况，那就更好。

30．标志性单K线精要解析

基本K线形态并不难理解。K线实体和影线的长短，有着特殊的意义，尤其是一些关键的K线，将成为本节中所讨论的重点。了解各种K线的基础知识之后，再配合一些实际操作的练习，你会发现学习进展特别快，用不了多久，你就能捕捉到暗藏在K线形态背后重要的获利密码信息。

单一K线精要解析：

（1）猛涨的大阳线。大阳线，通常指涨幅在5%以上的K线，表示多头战胜空头，获得压倒性优势，后市继续上涨可能性很大。如图5-1所示。

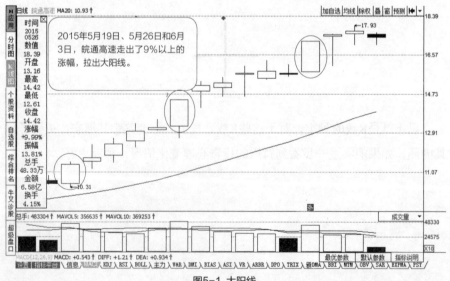

图5-1 大阳线

一般而言，大阳，皖通高速线意味着多头势如破竹，后市看涨。实际上，大阳线之所以具备指明趋势的意义，是因为大阳线开盘价与收盘价相差太大，且日内分时波动呈大涨小回的方式将空方完全压倒，其强烈上涨的态势，对投资者的心理造成很大的影响。

这种心理影响包括两个方面：做空者见大势已去很可能加入多头阵营，而原本看空并未买入者在强烈的上涨行情下也放心买进，致使空头几乎偃旗息鼓，在随后行情里，几乎都由多头表演。

通常来讲，大阳线在实战中的应用可以归纳为下面几点。

第一，如果股价刚开始上涨时出现大阳线，则表明股票有加速上扬的意味，投资者可买入。

第二，如果大阳线出现在股价上涨途中，则表明股价可能继续上涨，投资者可继续做多。

第三，如果大阳线出现在股价连续上涨过程中，则表明是股价见顶信号，投资者此时应考虑出货。

第四，如果在连续下跌过程中出现大阳线，反映了多方不甘心失败，发起了反攻，股价可能见底回升，此时投资者可逢低适量买入。

但是，在实际操作中，投资者一定要注意大阳线的陷阱。一般而言，在上升趋势的初期或中期，特别是突破关键位置的时候，出现大阳线表示多头开始发动攻击，股价后市继续上涨的可能性很大。

但是，如果股价已经高高在上，出现大阳线则预示着做多动能日渐耗尽，也有可能是多头在故意大幅拉高股价，造成强势上攻的假象，诱惑投资者接盘。如果在高位巨量收出大阳线，这种大阳线成为诱多陷阱的可能性就更大，投资者应区别对待。

举例来讲，2015年1月5日宝钢股份，涨幅6.56%，但是之后接连七天都是阴线，随后回调一天，接着股价继续往下走。如图5-2所示。

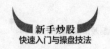

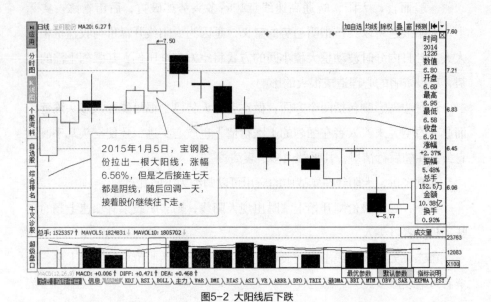

2015年1月5日，宝钢股份拉出一根大阳线，涨幅6.56%，但是之后接连七天都是阴线，随后回调一天，接着股价继续往下走。

图5-2 大阳线后下跌

因此，在实战中，投资者要准确识别大阳线是上涨信号还是陷阱，具体需要可以从下面几点入手。

第一，认清大阳线所处的位置，准确识别大趋势。

第二，分析成交量。一般来讲，大阳线的出现配合着成交量的放大。而如果成交量缩减，则可能是主力刻意拉高诱惑投资者介入接盘。需要指出的是，股市中存在着一些高度控盘的股票，不需要多大的量就可以随意拉升股票，这另当别论。

第三，后市走势的确认。如果大阳线后立刻一根大阴线把股价打回原形，意味着大阳线是陷阱的概率比较高，投资者需要及时止损，离场观望。如果后市股价站稳在大阳线的收盘价之上，这说明此处多头势力强大，形成较强支撑，投资者可放心持有。

（2）猛跌的大阴线。大阴线，又称为长阴线。一般而言，如果股价当日的跌幅大于5%，就可以确定此K线为大阴线，有时也会把跌幅超过3.6%以上的K线称为大阴线。当天几乎以最高价开盘，最低价收盘，它表示多方在空方打击下节节败退，毫无招架之力。我国股市在实行涨跌停板制度下，最大的日阴线实体可达前日收盘价的20%，即以涨停板开盘，跌停板收盘。大阴线的力度大小与其实体长短成正比，即阴线实体越长，下跌力度越大，反之，则下跌力度越小。如图5-3所示。

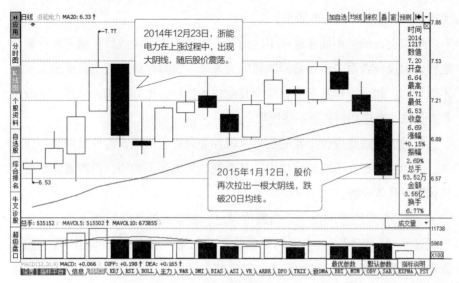

图5-3 大阴线

在实际操作中，不能武断地认为，所有的大阴线都是后市向淡的信号。不要一见到大阴线，就认为股价要下跌，有时大阴线出现之后，却不跌反涨。从上面的图例就可以看出，大阴线后也会有上涨行情的情况出现。

对于投资者而言，在判断出现大阴线后的走势时，可以从以下几方面入手：大阴线出现在涨势之后，尤其是股价经历了较大的涨幅之后，预示着股价将要回调或者正在做头部。如果股价由升转跌，这根大阴线就是导火索，其强大的杀伤作用将令多方不寒而栗。对于投资者而言，此时最好的操作策略就是离场观望。

第一，大阴线在涨势中出现，不过在此之前已经拉了一根十字星。这根十字线暗示这轮升势已到了尽头，后面出现的大阴线只不过是对这轮行情结束的进一步确认而已，股价由升转跌将开始。此时，投资者做好减仓或离场的准备。

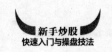

第二，大阴线在跌势中出现。投资者见此大阴线，还是离远一点较好，不要轻易参与操作。

第三，大阴线在跌势后期出现。如果大阴线出现在较大跌幅之后，预示着做空能量已经释放得差不多了，根据物极必反的道理，这时短线投资者要考虑做多，逢低买进一些股票。

事实上，虽然不能在连续下跌情况下出现一根大阴线后，就判断行情会逆转，但投资者至少应该看到跌势已到末期，这时再继续做空，卖出股票是不理智的。相反，投资者应该结合其他技术指标，比如均线，分析一下股价是否见底，考虑如何买进一些股票。

虽然大阴线是股价下跌的信号，但并非只要它出现，股价后期就一定下跌。大阴线出现在不同的行情中，其后期趋势也各不相同，投资者需要结合具体情况具体分析。

（3）夯实地基的锤子。当股价经过一波较大的下跌趋势之后，在底部出现锤子线，表明市场上涨动能已经开始积聚，接下来有可能出现一波上涨走势。投资者面对该K线形态，要密切关注后市，当股价越过锤子线实体时，就可以短线买入。如图5-4所示。

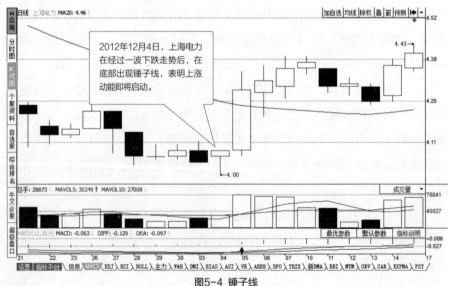

图5-4 锤子线

2012年12月4日，上海电力（600021）在经过一波下跌走势后在底部出现锤子线，表明上涨动能即将启动。12月5日，股价大幅上涨，买点出现。

你可以看到锤子线出现在一段下降趋势的底部。这个名字既简练又富有深意，锤子线，这意味着市场正在用锤子猛砸底部，夯实上涨的基础。

（4）套住脖子的上吊线。上吊线和锤子线具有完全相同的形状。由于它们的形状相同，区分它们的要点就在于：看它们是出现在上升趋势还是下降趋势中。

上吊线出现在一段上升趋势之后。它常常出现在价格快要冲向一个前期新高的节骨眼上。由于上吊线长长的下影线具有看涨意味，所以，通常要等到随后的蜡烛线彻底地收盘在上吊线的实体之下，才能真正构成反转。

上吊线出现，投资者就要提高警惕，一旦后市股价下跌，就要注意短线卖出，以免被套住。如图5-5所示。

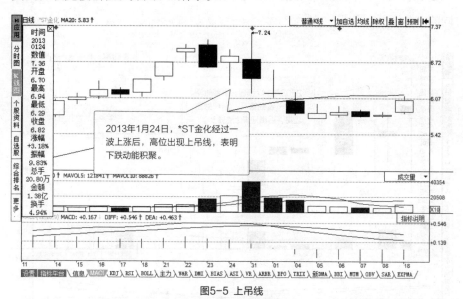

图5-5 上吊线

2013年1月24日，ST金化（600722）在经过一波上涨走势后在高位出现上吊线，表明下跌动能较强。第二天，股价形成一根大阴线，投资者要注意及时卖出持股。

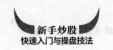

上吊线在走势图中极为常见，多与其他K线一起，构成K线看跌组合。

（5）射击之星。锤头线颠倒过来，成为倒锤头线。倒锤头线是一种比较常见的形态，标准的倒锤头线是一根带有很长上影线、而没有下影线的光脚K线，上影线的长度通常需要超过其实体长度的3倍，变异形态的倒锤头线可以带有短小的下影线。

倒锤头线有阴阳之分，不过它们的市场功能相差不大。处于底部、带动上涨的倒锤头线，我们称它为射击之星，而处于顶部、带动下跌的倒锤头线，我们称它为划过天际的流星。

底部位置的射击之星。当股价经过一波大跌之后，在底部出现倒锤头线，就是射击之星，表明上涨力量已经积聚，接下来可能出现一波上涨趋势。一般而言，射击之星的上影线很长，实体部分很短。当实体部分消失时，射击之星就变成了倒"T"字线。因此，倒T字线在很大程度上和射击之星的意义是相同的。如图5-6所示。

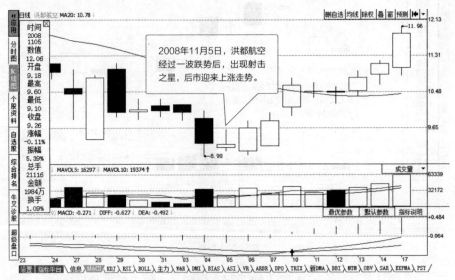

图5-6 射击之星

2008年11月5日，洪都航空日K线图中出现射击之星，后市一直上涨。

在实际操作中，投资者需要注意：射击之星出现在下降趋势之后，则构成一个看涨的K线图形状。射击之星能否引起趋势反转，第二天的开盘是判断的重要准则。如果第二天的开盘高于射击之星的实体，则反转概率较大。

低价区的射击之星通常被认为是一种强势K线，是股价见底的较强烈的信号。如果射击之星的下影线下穿原有的低位线，则见底信号更加可靠。

（6）顶部位置的流星。当股价经过一波上涨之后，在高位出现倒锤头线，往往就是流星。日本技术分析师认为，流星线显示"上空的麻烦"。由于流星线看跌的上影线很长，其本身构成看跌，所以我们不一定要像上吊线一样，非要等待确认的看跌信号。如图5-7所示。

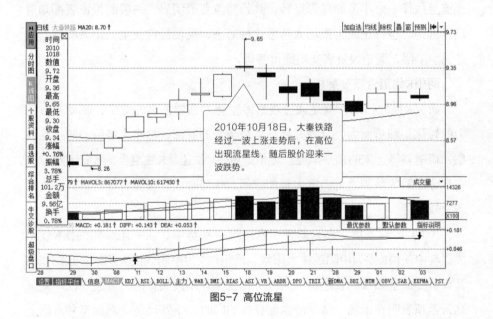

图5-7 高位流星

如上图所示，流星线是一个下跌的反转信号，其本身必须出现在一段反弹回升的行情之后。流星线形态的实体可以是白色也可以是黑色。

流星线告诉我们，市场处在一段上升的趋势之中，并可能逐渐步入超买状态。直到最后，买方拒绝继续出手。

当K线图开盘在当日最低价或者最低价附近，流星形态形成了。价格不断上攻，但是买方并不能持续性地保持强劲的购买需求，卖方开始发力，驱使价格回落。

请记住，任何K线图形态上的长长上影线，都预示着卖出的巨大压力。在实际操盘过程中，我们可以从四个方面来识别流星线。

第一，它的实体位于蜡烛图的底端，颜色可以是白色也可以是黑色。

第二，上影线至少是实体的两倍长。

第三，没有或有很少的下影线。

第四，之前的市场处于上升趋势里。

高位出现流星线，也会成为主力制造陷阱的工具。通常情况下，高位出现流星线像一个小型的岛形反转，其趋势改变很明显，一般的投资者都知道趁早逃跑。也许正因为市场太熟悉这种形态，反倒经常被主力用来洗盘，制造诱空陷阱，逼迫投资者交出廉价筹码。

两根K线组合精要解析：

研究K线的目的，就是通过观察多空势力强弱盛衰的变化，感受双方势力的转化。顺势而为，寻找并参与蓄势待发的底部，抱牢大势所趋的上涨股票，规避强弩之末的顶部风险。无论是单一K线还是K线组合，投资者都应该在充分了解的基础之上，再去善加应用。任何时候，投资者都应该打"有准备之战"。

（1）乌云盖顶。乌云盖顶组合出现在涨势中，由一阳一阴两根K线组成。其中前根K线为中阳线或大阳线，后根K线为中阴线或大阴线。且阴线的开盘价要高于阳线的收盘价，阴线实体已深入阳线实体的二分之一以下处。乌云盖顶表明在市场上涨动能急剧释放的同时，下跌动能突然而至并占据上风，之后股价有较大可能出现一波下跌走势。但其可靠性不如看跌吞吃形态。投资者一旦见到该形态，就要引起注意，一旦后市股价继续上涨，就要短线卖出。如图5-8所示。

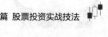

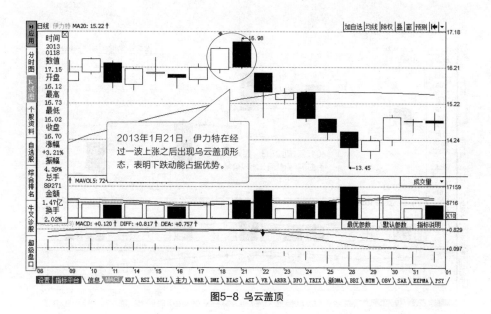

图5-8 乌云盖顶

2013年1月21日，伊力特（600197）在经过一波上涨走势之后出现乌云盖顶形态，表明下跌动能占据优势。1月22日，股价继续大幅下跌，出现一根阴线，投资者要注意及时卖出。之后股价很快跌破30日均线。

有些个股会在快速反弹的过程中出现这种"乌云盖顶"形态的走势，出现这种现象时，后市股价也会出现快速下跌的行情，至少会出现一波回落的行情。短线投资高手可以先卖出，对于长期投资者来说，则可以参考均线来看。

投资者需要注意的是，在实战中，阴线实体深入阳线实体部分越多，转势信号就越强烈。当阴线完全跌破阳线实体时，就转化为阴抱阳组合。由此，投资者就可以理解阴抱阳组合的看跌意义强于乌云盖顶了。

（2）倾盆大雨。倾盆大雨组合出现在股价上涨途中，由一阳一阴两根K线组成。与乌云盖顶形态类似，先是一根大阳线或中阳线，接着出现一根高开的大阴线或中阴线，阴线的收盘价要低于前一根阳线的开盘价。倾盆大雨形态是见顶信号，且看跌意义更强于乌云盖顶，甚至强于看跌吞吃。阴线实体高出阳线实体部分越多，转势信号就越强。投资者见到该信号后，要注意及时卖出。如图5-9所示。

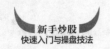

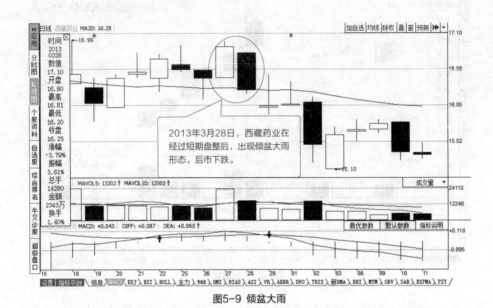

2013年3月28日，西藏药业在经过短期盘整后，出现倾盆大雨形态，后市下跌。

图5-9 倾盆大雨

2013年3月28日，西藏药业（600211）在经过一波上涨走势之后在21日均线上下出现倾盆大雨形态。这是比较明显的短线见顶信号，投资者可以积极卖出。之后，该股持续下跌，最后跌破21日均线。

倾盆大雨组合，一般都是出现在股价上涨的高位区域或者是在股价反弹之后的阶段性高位，很少出现在股价上涨的中途。如果该组合是出现在股价经过长期上涨的高位区域时，或者是出现在股价反弹的阶段性高点时，则往往预示着后市股价即将出现大幅度下跌。

（3）看跌吞吃。看跌吞吃组合出现在上涨趋势中，由两根K线组成。第一根K线是实体较小的阳线，第二根K线是实体较长的阴线，且这根阴线的实体将前阳阴线的实体从上到下全部"吞没"。看跌吞吃组合是强烈的看跌信号。该形态中阴线实体完全吞没了阳线实体，说明下跌动能已经完全占据优势，股价接下来有较大可能出现一波跌势。投资者要注意把握该卖出机会。如图5-10所示。

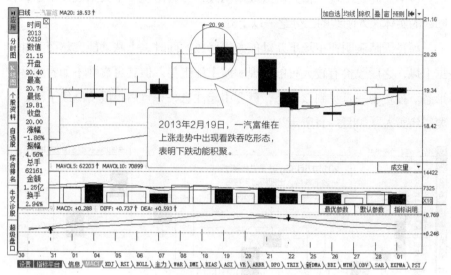

2013年2月19日，一汽富维在上涨走势中出现看跌吞吃形态，表明下跌动能积聚。

图5-10 看跌吞吃

2013年2月19日，一汽富维（600742）在上涨趋势中出现看跌吞吃形态，表明股价即将下跌，投资者要注意把握该卖点。之后该股开始不断下跌，并于3月4日跌破21日均线。

在股价运行的过程中出现看跌吞吃，则表明卖方的力量要明显强于前一天卖方的力量，这至少也说明了当天卖方占据了主动权，如果买方不能起来反击的话，那么后市出现下跌可能性很大。

当看跌吞吃组合出现在股价运行到半年线或者是年线附近时，则标志着这个位置附近有比较强的压力，后市股价很有可能会出现回落甚至是下跌的走势。

当看跌吞吃组合出现在股价上涨的中途时一般是庄家在洗盘所导致的，股价可能会出现回落整理的走势，但一般不会改变股价原有的运行趋势。

当看跌吞吃组合出现在股价经过长期上涨之后的高位区域时，则标志着买盘出现了明显的衰退，这往往是庄家出货的信号，后市股价出现下跌的可能性相当大。

（4）雨过天晴。雨过天晴组合出现在下跌途中，由一阴一阳2根K线组

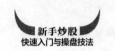
成。该形态先是出现一根大阴线或中阴线，接着出现一根大阳线或中阳线，阳线的实体深入阴线的二分之一以上处。

雨过天晴表明在市场下跌动能急剧释放的同时，上涨动能突然而至并占据上风，之后股价有较大可能出现一波上涨走势。但其可靠性不如看涨吞吃形态。投资者一旦见到该形态，就要引起注意，一旦后市股价继续上涨，就要短线买入。如图5-11所示。

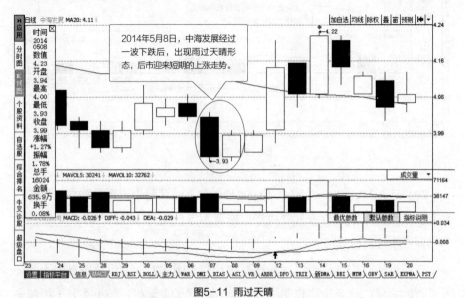

图5-11 雨过天晴

2014年5月8日，中海发展（600026）在经过一波下跌之后出现雨过天晴形态，表明上涨动能占据优势。5月12日，股价大幅上涨，出现一根大阳线。5月13日回调，形成乌云盖顶。5月14日，再次拉出一根大阳线。5月15日低开低走，接着股价走低。实际上，该股买点的把握，投资者要注意分时图中的股价实时走势，进行短线操作。

盘面上出现雨过天晴组合，预示着后市股价将会出现上涨或者是反弹的行情。不过，具体位置不同，雨过天晴的市场意义也有所不同。当雨过天晴出现在股价经过长期下跌之后的低位区域时，则标志着买盘在转强，而卖盘却在明显变得软弱，这预示着后市股价出现反弹甚至反转的可能性极大；

如它出现在股价上涨的中途时，则预示着股价将会继续向上运行这往往是庄家洗盘所导致的。当这个组合出现在股价经过长期上涨的高位时，要特别注意，这往往是庄家出货时的最后挣扎。

（5）旭日东升。旭日东升组合出现在股价下跌途中，由一阴一阳两根K线组成。与曙光初现形态类似，先是一根大阴线或中阴线，接着出现一根高开的大阳线或中阳线，阳线的收盘价要高于前一根阴线的开盘价。

旭日东升形态是见底信号，且看涨意义更强于曙光初现。阳线实体高出阴线实体部分越多，转势信号就越强。投资者见到该信号后，要注意及时买入。如图5-12所示。

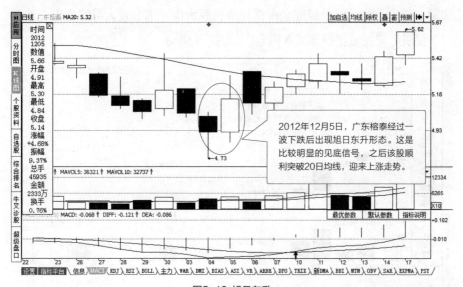

图5-12 旭日东升

2012年12月5日，广东榕泰（600589）在经过一波下跌之后在21日均线下方出现旭日东升形态。这是比较明显的短线见底信号，投资者可以积极买入。之后，该股持续上涨，顺利突破21日均线。

从K线组合来看，市场处于下降趋势中，一根大阴线再度强化了卖方市场的气氛。第二天，买方奋起反抗，形成高开盘，取得了一个良好的开局，之后买方力量进一步发展壮大，致使股价一路走高，并收复了前一交易日失

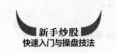

去的所有跌幅。该形态反映了卖方动能逐渐衰竭后,买方强势出击并最终战胜卖方的过程。

第二天的阳线实体越长,即收盘价超越前一天阴线的开盘价越多,市场反转的潜力越大;如果第二天阳线对应的成交量有效放大,则该形态反转的可靠性更强。

(6)看涨吞吃。看涨吞吃组合出现在下跌趋势中,由两根K线组成。第一根K线是实体较小的阴线,第二根K线是实体较长的阳线,且这根阳线的实体将前根阴线的实体从上到下全部"吞没"。

看涨吞吃形态是强烈的看涨信号。该形态中阳线实体完全吞没了阴线实体,说明上涨动能已经完全占据优势,股价接下来有较大可能出现一波涨势。投资者要注意把握该买入机会。如图5-13所示。

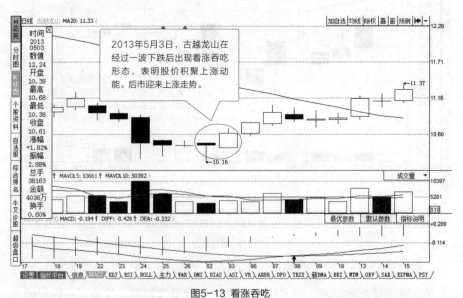

图5-13 看涨吞吃

2013年5月3日,古越龙山(600059)在下跌趋势中出现看涨吞吃形态,表明股价即将上涨,投资者要注意把握该买点。之后该股持续上涨。

实际上,该股的上涨意义表明得非常强烈,除了看涨吞吃形态之外,4月25日和5月2日的底部锤子线也是上涨的重要原因。

31．多根K线组合精要解析

（1）黄昏之星。黄昏之星出现在上涨走势途中，由3根K线组成。第一根是阳线，第二根是十字线，第三根是阴线。第三根K线实体深入第一根K线实体之内。黄昏之星形态是较为强烈的看跌信号，它表明下跌动能在经过十字线的搏斗之后已经战胜了上涨动能，后市看跌。投资者一旦发现该形态，要注意及时卖出。如图5-14所示。

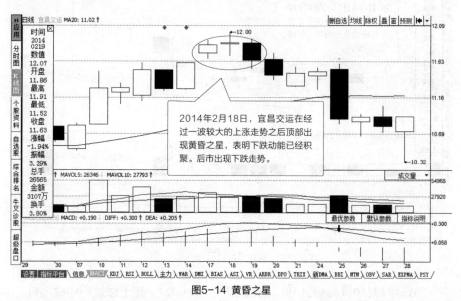

图5-14 黄昏之星

2014年2月18日，宜昌交运（002627）在经过一波较大的上涨走势之后，在顶部出现黄昏之星形态，表明市场下跌动能已经占据优势，后市将很有可

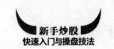

能出现下跌，投资者要注意积极卖出。之后该股持续下跌并于2月25日跌破30日均线并持续下跌。

实际上，黄昏之星形态中间的K线，除十字星之外，还可以是小阴小阳线、锤子线等，有的书中可能会另外将其取名介绍，其本质上是一样的，只不过黄昏之星的看跌意义更强一点而已。

（2）红三兵形态。红三兵形态是由三根阳线组成的看涨形态。其中每根阳线的开盘价均处于前一根阳线的实体之内，或者相距不远；其收盘价则呈依次上升的态势。

红三兵形态多出现在上涨走势中，它表明上涨动能依然强劲，股价接下来将延续原来的上涨走势。投资者一旦发现该形态出现，就要注意伺机买入，顺风而扬帆。如图5-15所示。

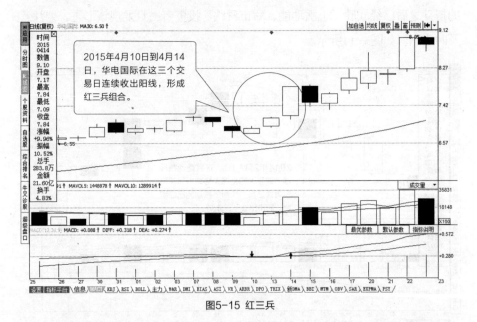

图5-15 红三兵

2015年4月10日到4月14日，华电国际（600027）在上涨过程中收出红三兵K线组合。此前有两根小阴星，但没有跌破20日均线，随即出现红三兵形态，说明上涨动能强劲。

（3）上升三法。上升三法一般出现在股价上涨途中，由大小不等的5根K线组成。这5根K线中，第一根K线为大阳线或中阳线，接下来3根为小阴线（也可以有多根，也可以是小阴小阳线），但都没有跌破前面第一根阳线的开盘价，之后出现了一根大阳线或中阳线，且其收盘价要高于第一根阳线的收盘价。其趋势有点类似英文的"N"。

上升三法，表明下跌动能只是昙花一现，上涨动能再次夺取控制权，股价接下来仍会延续上涨走势。投资者要注意及时买入。如图5-16所示。

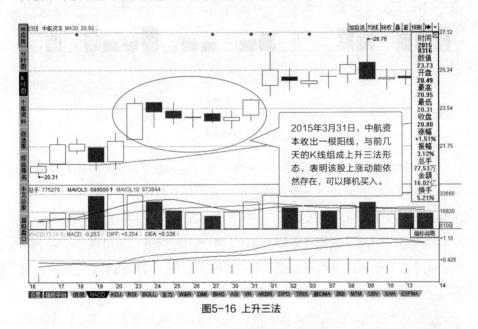

2015年3月31日，中航资本收出一根阳线，与前几天的K线组成上升三法形态，表明该股上涨动能依然存在，可以择机买入。

图5-16 上升三法

2015年3月31日，中航资本（600705）出现上升三法形态，表明该股上涨动能依然存在，投资者可以买入。后市看涨。

（4）早晨之星又称早晨之星，形态出现在下跌途中，由3根K线组成。第一根是阴线，第二根是十字线，第三根是阳线。第三根K线实体深入到第一根K线实体之内。

早晨之星形态表明上涨动能在经过十字线的搏斗之后已经战胜了下跌动能，后市看涨。投资者一旦发现该形态，要注意及时买入。如图5-17所示。

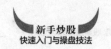
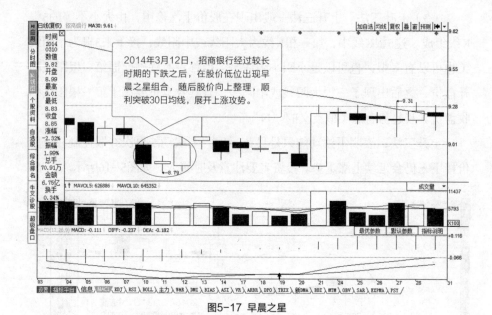

图5-17 早晨之星

2014年3月11日，招商银行（600036）在经过一波下跌之后，在底部出现早晨之星形态，表明市场上涨动能已经占据优势，后市将很有可能出现一波上涨走势，投资者可以积极买入。之后该股突破30日均线并持续上涨。

实际上，早晨之星形态中间的K线，除十字星之外，还可以是小阴小阳线、锤子线等，有的书中可能会另外将其取名介绍，其本质上是一样的，只不过早晨之星的看涨意义更强一点而已。

（5）黑三鸦。黑三鸦又称暴跌三杰，顾名思义是指在上涨走势中，连续出现的三根阴线所组成的K线形态。这三根K线多为大阴线或中阴线，且每次均以跳高开盘，最后以下跌收盘。

传统观念认为乌鸦是不祥之物，三只乌鸦出现，预示着后市看跌意味深重。投资者要注意及时出场。投资者需要注意的一点是，三只乌鸦大多出现在下跌趋势启动之初。如图5-18所示。

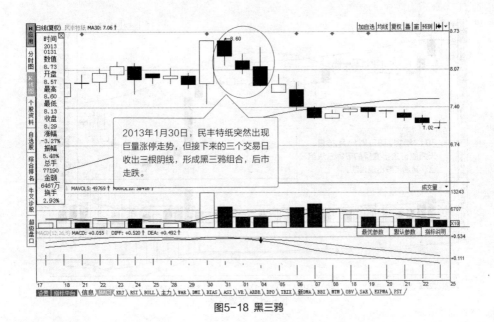

2013年1月30日，民丰特纸突然出现巨量涨停走势，但接下来的三个交易日收出三根阴线，形成黑三鸦组合，后市走跌。

图5-18 黑三鸦

2013年1月30日，民丰特纸（600235）突然出现巨量涨停走势，但接下来的三个交易日里却形成了看跌意味浓厚的三只乌鸦形态。投资者要注意及时卖出持股，之后该股跌破21日均线。

（6）下降三法。下降三法出现在股价下跌途中，由大小不等的5根K线组成。这5根K线中，第一根K线为大阴线或中阴线，接下来3根为小阳线（也可以有多根，也可以是小阴小阳线），但都没有向上突破前面第一根阴线的开盘价，之后出现了一根大阴线或中阴线，且其收盘价要低于第一根阴线的收盘价。

下降三法表明上涨动能只是昙花一现，空方再次夺取控制权，股价接下来仍会延续下跌走势。投资者要注意持币观望，不要随便入场。如图5-19所示。

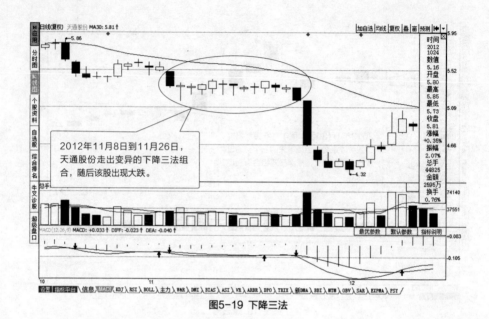

图5-19 下降三法

2012年11月8日到11月26日，天通股份（600330）在下跌趋势中出现下降三法，表明该股下跌动能依旧强劲，投资者如果持有这支股票，要注意及时卖出，以免遭受更大的亏损。

32．经验总结：K线的位置是关键

　　K线的位置决定K线的性质，离开K线的位置这一重要的参照物，而对单一K线的性质进行判断，没有任何意义！许多介绍K线的书籍里，不考虑位置就对单一K线"定性"的错误思想，对此我们一定要注意。如果我们有这样的定性思维，就要赶快纠正过来，这是正确认识K线的第一步。

　　有些书里这样归纳单一K线的性质："小阳线代表上升乏力""大阳线代表后市看涨""大阴线代表主力出货坚决""上影线代表上攻受阻""下影线代表底部支撑"等，这些都是片面的、照本宣科的错误解读。若是照本宣科，将对你的实战不会有丝毫的帮助，甚至会对你产生误导。

　　单一的阴线和阳线放在一张图上没有丝毫的意义，只有在一个范围内观察才有它的实际意义，而且要严格区分是上升空间还是下跌空间，更重要的是观察上升了多久或者下跌了多久，只有长期上涨或者下跌后的标志性K线形态才具有见顶或者见底的指导含义。

　　标志性K线的形态在高、低点都是一样的形态，却有不一样的名称和内涵，怎么样去区别是顶、底还是普通意义的K线？这就要观察这根K线在哪一个大的区域内，是长期上涨后还是长期下跌后，这也就是"位置"。我们只有在一个较大的范围内判断这根K线的位置，并且结合量能大小才能对这根K线的性质做出相对正确的判断。

　　下面是运用标志性K线的一些经验介绍，可供参考。

　　第一，上升过程中的股票无论走出什么样的上影线，只要位置不高、不

放量就不是顶。

第二，连续大涨后的股票，只要放量走出长上影线就是顶。

第三，上升途中的长下影线只要位置不高、不放就不是上吊线，就不是顶。

第四，下跌过程中的下影线只要跌幅不大、不严重缩量就不是底，后市继续看跌。

第五，连续下跌的股票缩量见长下影线，第二天早上确认上涨就可买入。

第六，长期下跌后的缩量长阴线是见底标志，第二天止跌企稳重拾升势就可买入。

上面这些操盘经验，主要是基于位置的研判而总结出来的，属于大概率事件，你可以对此进行验证。当然，最好能够多学习、多总结，得出自己的判断。总而言之，辨别K线的性质第一看位置，第二看量能，第三看涨跌的时间，这三条缺一不可，也可以说它们是判断K线性质的参照标准。

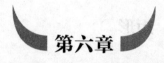

第六章
形态纵横，顺势而为最靠谱

　　形态理论通过对市场横向运动时形成的各种价格形态进行分析，并且配合成交量的变化，推断出市场现存的趋势将会延续或反转。简言之，形态理论通过股价运行轨迹，分析和挖掘出曲线背后的一些多空力量的对比结果，并由此指导投资者操作。其本质，则是形态背后的动能。这点通用于社会生活的各个方面。从这个意义上说，一旦进入实战，形态理论是必须掌握的一种奇特分析方法。

33．整理性形态：矩形

作为整理形态的一种，矩形形态在实战中出现的概率是比较大的。矩形形态形成之后，股价的运行方向会有两种选择，一种是向上突破，另一种是向下突破。

矩形是个整理形态，整理的结果是往上还是往下，需要根据当时多空力量对比而定，在矩形形态形成过程中没有最后朝一个方向有效突破时，谁也不能妄下结论。如图6-1、图6-2所示。

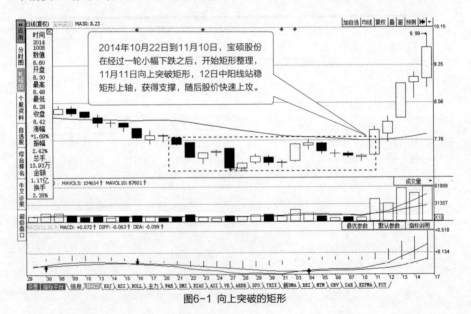

图6-1 向上突破的矩形

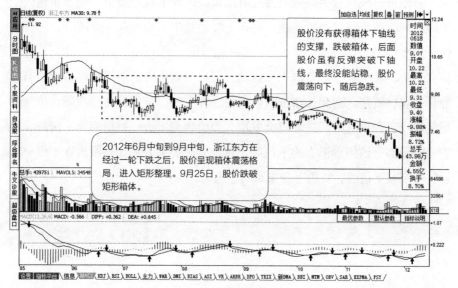

股价没有获得箱体下轴线的支撑，跌破箱体，后面股价虽有反弹突破下轴线，最终没能站稳，股价震荡向下，随后急跌。

2012年6月中旬到9月中旬，浙江东方在经过一轮下跌之后，股价呈现箱体震荡格局，进入矩形整理。9月25日，股价跌破矩形箱体。

图6-2 向下跌破的矩形

矩形形态明显告诉投资者，看好看淡双方的力量在该范围达到均衡状态，在这期间谁也占不了谁的便宜。看好的一方认为其价位是很理想的买入点，于是股价每回落到该水平即买入，形成了一条水平的需求线。与此同时，另一批看淡的投资者对股市没有信心，认为股价难以升越其水平，于是股价回升至该价位水平便卖出，形成一条平行的供给线。

客观来讲，矩形形态与其他整理形态有所区别，矩形的两条趋势线与水平方向平行，股价构成一个水平的运行通道，表示其间多空力量对比均衡。股价在突破趋势线后，仍将按原来的发展方向运行。在上升趋势中的矩形，后市仍将上涨；在下跌趋势中的矩形，后市仍将回落。一般来讲，矩形的成交量为由左到右逐渐递减。股价在向下突破趋势线时，成交量会有所放大；股价在向上突破趋势线时，成交量急剧放大。

事实上，矩形形态给投资者提供了一些短线操作机会，在股价回落至支撑线时买入，股价上升到压力线时卖出，矩形的宽度越宽，则差价越大。但是，在做这种短线操作时要注意两点：一是矩形的上下界线相距要较远；二

是一旦矩形形成有效突破则需要谨慎决策。即在上升趋势中，矩形带量向上突破盘局时则要坚决捂股待涨，而在下降趋势中，矩形向下突破时，则要尽快止损离场。

记住，股价在矩形范围上下运动，最好不要进入，要经得起诱惑。有时股价在箱体震荡，碰到长条形下边线往上弹升时，会出现连拉数阳、价升量增的现象，如果这时买进你就会发现，股价碰到上边线就会回落。因此，只要股价没有突破矩形形态的上边线，就没有必要买入。如果股价在矩形整理后往下突破下边线，持股者应果断清仓出局。

34．整理性形态：旗形

旗形形态是一个中继形态，即趋势运行当中的一种整理形态。旗形的主要成因在于市场按照原有趋势急速运行之后，股价走势受到了相反力量的抵抗，一般可分为上升旗形与下降旗形两种形态。

（1）上升旗形。所谓上升旗形，是在股价经过快速而陡峭的上升之后形成旗杆，然后进入调整而形成一个股价波动紧密、狭窄和稍微向下倾斜的价格密集区，把这个密集区的高点和低点分别连接起来，便可画出两条平行而下倾的直线，这就是上升旗形。如图6-3所示。

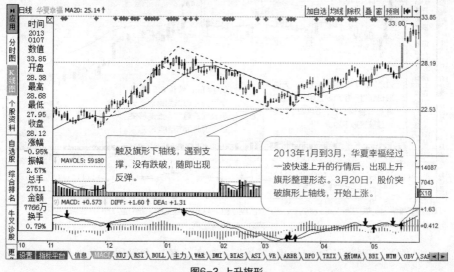

图6-3 上升旗形

从图形看，上升旗形内一波比一波低，空头力量占上风，但最后多头力挽狂澜，使股价突破旗形的上界线，继续展开另一段上升行情。

具体应用上升旗形的时候，投资者需要注意：第一，旗形整理的时间不宜过长，长于3周的整理值得警惕，很有可能原先的上升趋势已打破，所谓的整理只是一个下跌中继平台，还有可能出现继续下跌。第二，上升旗形一旦放量向上突破旗形的上边压力线是最佳买入时机，上升将又开始。止损点可设在旗形的下边支撑线被跌破时。

需要说明的是，旗形是一个趋势中途整理形态，一般不会改变原有的趋势运行，但上升旗形往往说明原有上升趋势已进入到了后半段，投资者要预防最后一升之后的转势。

（2）下降旗形。所谓下降旗形，是在价格出现急速或垂直的下跌后，接着形成一个波动狭窄而紧密，稍微上倾的价格密集区，像是一条上升通道，这就是下降旗形。如图6-4所示。

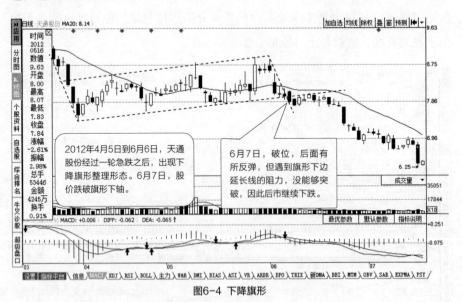

图6-4 下降旗形

从图形上看，下跌旗形内一波比一波高，多头力量居主动，最后空头全力打压，使股价突破盘局的下边界，继续展开另一段下跌行情。

在具体应用的时候，投资者应把握以下几点。

第一，下降旗形大多在熊市第一期出现，该形态显示大市可能做垂直的下跌，因此这阶段中形成的旗形十分细小，可能在三四个交易日内完成。如果在熊市第三期中出现，旗形形成的时间需要较长，而且跌破后只做有限度的下跌。

第二，下降旗形是股价长期下降通道中途的一种短期抵抗整理形态，因此，旗形整理的出现，可能是投资者卖出股票的一次机会。通常情况下，空仓的投资者应以观望为主，尽量不做短线，更不宜做中长线投资。已经买入或套牢的投资者应抓住这次整理机会，趁早逢高卖出股票，这是下降旗形的应用要点。

第三，投资者在下降旗形整理形态形成后，不可轻易建仓。与任何技术形态分析一样，即使旗形形态得以确认，也不能保证可以获利。投资者要确保盈利，最好是在确定向上的大趋势之后再进行操作，一旦判断错误就要及早离场，以避免更大的损失。

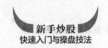
35．整理性形态：三角形

三角形整理形态指股价在整理过程中，将高点和低点分别进行连线后，两条线虽然方向不同但能够最终相交，很像三角形的两条边，因此称为"三角形整理形态"。

（1）上升三角形。股价每次上升时，到了一定价位就遭到抛压，迫使股价下行。但由于市场看好该股，逢低吸纳的人很多，因此，股价没有跌到上次的低点就开始弹升，致使下探低点越来越高。如将每一次短期波动的高点用直线连起来，再将每一次短期波动的低点也用直线连起来，就构成了上升三角形。如图6-5所示。

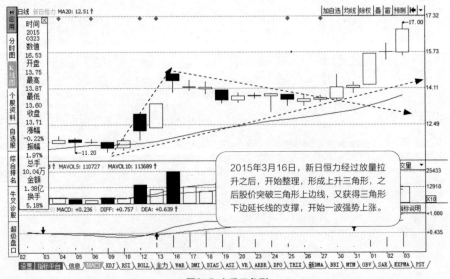

2015年3月16日，新日恒力经过放量拉升之后，开始整理，形成上升三角形，之后股价突破三角形上边线，又获得三角形下边延长线的支撑，开始一波强势上涨。

图6-5 上升三角形

通常来讲，上升三角形在形成过程中成交量会不断减少。上升三角形是多空双方实力较量的结果，上升三角形到最后都会选择向上突破。但是必须指出的是，上升三角形向上突破时，一般都带有较大的成交量，没有比较大的成交量就往上突破，则很可能是假突破，投资者不可贸然加入。

注意，上升三角形越早往上突破，则后劲越足，那些迟迟不能突破的上升三角形，很可能是主力悄悄出货而故意为中小散户设置的多头陷阱。如果一旦主力达到目的，在他们出货完毕后，上升三角形非但不会往上突破，而极有可能演化成"双顶"形态，股价下跌就不可避免，对此务必要提高警惕。

多数情况下，上升三角形形态是出现在股价的长期上升趋势中，出现上升三角形后，股价一般是向上突破的。少数情况下，上升三角形也会以顶部或底部反转形态出现。如果上升三角形是出现在股价高位时（以涨幅超过70%以上为准），则标志股价顶部的形态完成，紧接着股票将可能开始一轮较大的下跌行情；下跌情况则与之相反。

（2）下降三角形。一般而言，股价在下跌过程中，每一次下跌到某一价位便反弹，各个低点连起来成一水平线，每次反弹的高点逐渐下移，各高点连线形成了一条下降趋势线，这就是下降三角形。如图6-6所示。

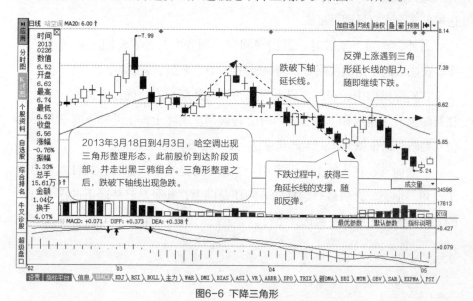

图6-6 下降三角形

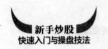

下降三角形属于整理形态，其走势的最终方向将是股价下降。下降三角形的准确度较高，很少出现失败的情况，在实战中不能因为其暂时止跌的效应，而贸然认定底部形成，从而错失逃脱良机。

下降三角形尾端向下突破时，股价继续下跌，多头无法有效凝聚力量，股价可以毫无理由地下跌。而下降三角形在突破下部水平线的支撑线时，为卖出股票的时机，投资者要充分抓住时机离场出局。

要注意，在下降三角形形态内，许多投资者在未跌破水平支撑位时，会以为其水平支撑位为有效强支撑位，而当作底部形态认可，其实这种形态不可贸然确认底部，要等待真正底部出现时再进场。

在其他三角形形态中，如果价格发展到三角形的尾端仍无法有效突破时，其多空力量均已消耗完，形态会失去原有意义。但下降三角形是个例外，当价格发展至下降三角形尾端时，价格仍会下跌。

总的来说，上升三角形与下降三角形虽然属于整理形态，有一般向上或向下的规律性，但亦有可能朝相反方向发展。也就是说，上升三角形可能下跌，因此在向下跌破3%时，宜暂时卖出，以待形势明朗；在向上突破时，没有大成交量配合，也不宜贸然介入。同样，下降三角形也有可能向上突破，这里若有大成交量则可证实。

另外，在向下跌破时，若出现回升，则观察其是否受阻于底线水平之下，在底线之下是假性回升，若突破底线3%，则图形失败。

在实际操作中，有的投资者对三角形的外部形态特征过于执着，因此，在判断上升三角形和下降三角形时会有误判。实际上，上升和下降三角形的根本判断可以依据原本的大趋势来进行，其准确率往往较高。

一般而言，在大的上升通道中，如果趋势是不断向上的，此时如果出现了三角形形态，之后最终选择的方向还是向上；如果是趋势向下过程中出现的三角形形态，则最终会选择下行。

36．整理性形态：楔形

楔形形态属于短期内的调整形态，其形成原因为价格前期有一段"急行军"，价格波动幅度大，而且角度接近垂直，多方或空方经过一段冲刺后，价格在短期内呈反向小幅回调，而形成楔形。

（1）上升楔形。一般而言，上升楔形出现在股价经过一段比较急促的跌势后，股价开始反弹，当股价反弹至一定高度后开始掉头回落，但回落点比前期低点高，然后又升至新的高点，再回落，再上升，如此反复，在总体上形成短暂的一浪高于一浪的势头。如图6-7所示。

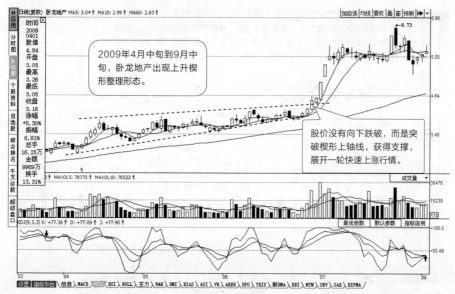

图6-7 上升楔形

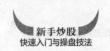
大多数情况下，上升楔形是出现在股价下降途中的中继整理形态，但少数情况下楔形也会以底部形态出现。如果上升楔形是出现在股价的低位（以跌幅超过10%为准），则标志着股价底部形态的完成，紧接着股票可能开始一轮较大的反弹行情。

不过，当上升楔形有效跌破形态支撑线后，往往会出现一波急剧下跌的行情，此时投资者就需要及时卖出股票，离场观望。此外，需要指出的一点是，由于上升楔形形态大多出现在股价长期下跌的途中，而它的整理方向却是向上的。因此，这种形态具有一定的欺骗性，投资者遇到上升楔形整理形态时一定要谨慎。

（2）下降楔形。一般出现在长期升势的中途。通常情况下，股价经过一段大幅上升后，出现技术性回抽，股价从高点回落，跌至某一低点即掉头回升，但回升高点较前次为低，随后的回落创出新低点，即比上次回落低点还低，形成后浪低于前浪之势。把短期高点和短期低点分别相连，形成两条同时向下倾斜直线，组成了一个下倾的楔形，这就是所谓的下降楔形形态。如图6-8所示。

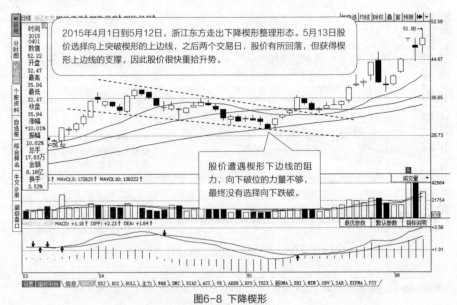

图6-8 下降楔形

在实战中，下降楔形通常在中长期升市的回落调整阶段中出现。下降楔形的出现告诉投资者升市尚未见顶，这仅是股价上升后的正常调整现象。一般来说，形态大多是向上突破，当其突破上限阻力时，就是一个买入信号。而且，下降楔形的最佳买点为突破上边线和突破之后反抽接近于上边线之时。值得投资者注意的是：从实战的经验统计，下降楔形向上突破与向下突破的比例为7：3。从时间上看，如果下降楔形持续时间超过三四个星期，那么向下突破的可能性就会增大。

需要指出的是，下降楔形与上升楔形的不同之处在于，下降楔形在价格发生突破后，不会像上升楔形一样快速变化，下降楔形价格突破后多半形成圆弧底的形态，价格缓步上升。实际上，上升楔形与下降楔形都是价格的停顿走势，为涨多或跌多所做的休息，因此，之后的趋势不变。

在实际图形中，楔形可有多种变形，即上升途中的上升楔形、下降楔形和下跌途中的上升楔形、下降楔形四种。一般的经验是"上升楔形看跌，下降楔形看涨"，即楔形具有反向的预示功能，并且经常形成于中期底部或顶部，但经常以持续形态的面目存在于趋势中间。

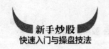
37. 反转性形态：头肩顶和头肩底

头肩顶和头肩底是最为常见的反转形态，头肩顶跟随上升市而行是一种见顶信号，一旦头肩顶确认，下跌幅度可以很大，其逆转杀伤力远高于其他逆转形态，股价或指数的升势将转为跌势；而头肩底是一种见底信号，一旦形态确认，将化跌势为涨势。

（1）头肩顶形态。一般通过连续的起落构成该形态的三个部分，出现的三个局部高点中，中间的高点比另外两个都高，称为头，左右两个相对较低的高点称为肩。

在实际操作中，头肩顶是一个不容易忽视的技术性走势，从该形态可以观察到多空双方的激烈争夺情况，行情升后下跌，再上升再跌，多方最后完全放弃，空方完全控制市场。在头肩顶形态的实际应用中，投资者需要把握以下几点。

第一，这是一个长期性趋势的转向形态，通常会在牛市的尽头出现。

第二，一旦头肩顶形态完成，投资者就应该相信图上所表示的意义。

第三，当最近的一个高点的成交量较前一个高点为低时，就暗示了头肩顶出现的可能性。当第三次回升价格没法升抵上次高点，成交继续下降时，有经验的投资者就会把握机会卖出。

第四，如果头肩顶形态确定，从图上头部的顶端画一条垂直于颈线的线段，然后再从右肩完成后突破颈线的那一点开始向下量出同样的长度，则这段价格距离是股价将要下跌的最小距离。也就是说，股价至少要跌完所测量之差价方有再反转上升的可能。

第五，当头肩顶颈线被击破时，就是一个真正的卖出信号。虽然价格和最高点比较，已回落了相当的幅度，但跌势只是刚刚开始，未卖出的投资者应继续卖出。

事实上，头肩顶形态是道氏理论或趋势理论的具体应用。在头部形成以前，其高点不断被刷新，而低点不断被提升；在头部形成以后，其反弹高点不断降低，而低点也不断被刷新。所以，头肩顶形态是上升趋势和下降趋势紧密结合的范例，只是由于支撑线或压力线的作用，使其显得比较对称而已。需要指出的一点是，头肩顶形态在实际的K线图中不一定非常标准，大致相同就基本可以认定了。如图6-9所示。

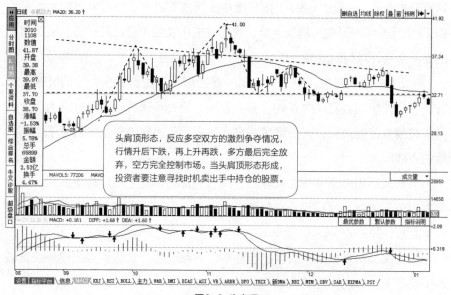

图6-9 头肩顶

对于投资者而言，在实际操作中还应对以下几点予以关注。

第一，左肩和右肩的高点大致相等，部分头肩顶的右肩较左肩为低。

第二，如果其颈线向下倾斜，显示市场非常疲乏无力。

第三，成交量方面，左肩最大，头部次之，而右肩最少。不过，根据有

关统计，大约1/3情况下头肩顶左肩成交量较头部为多，1/3情况下两者的成交量大致相等，1/3情况下头部的成交量大于左肩的成交量。

第四，在跌破颈线后可能会出现暂时性的回抽，此情形通常会在低成交量的跌破时出现。不过，暂时回抽高度应不会超过颈线水平。

第五，假如价格最后在颈线水平回升，而且高于头部，或是价格于跌破颈线后回升高于颈线，这就是一个失败的头肩顶。

总而言之，当某一股价形成头肩顶雏形时，投资者就要给予高度警惕。这时股价虽然还没有突破颈线，但可先卖出手中的一些筹码，将仓位减轻，日后一旦发觉股价跌破颈线，就将手中剩余的股票全部卖出，退出观望。头肩顶对多方杀伤力度的大小，与其形成时间长短成正比。因此，投资者不能只看日K线图，对周K线图、月K线图中出现的头肩顶更要高度重视。如果周K线图、月K线图形成头肩顶走势，说明该股中长期走势已经转弱，股价将会出现一个较长时间的跌势。

（2）头肩底形态。所谓头肩底，在图形上以左肩、头、右肩及颈线组成。三个连续的谷底以中谷底（头）最深，第一及最后谷底（分别为左、右肩）较浅且接近对称，因而形成头肩底形态。头肩底的形态多发生于空头行情的末跌段。

头肩底形态必须有三个低峰点，并且头部的低点要明显低于双肩，左肩和右肩低点位置大致相等。一般地，右肩低点略高于左肩，但右肩低点一定低于左肩反弹高点。

成交量呈M形或呈头肩顶状态分布，有时三部分大致相当，但颈线突破时一定需要大的成交量配合。

在实际操作中，头肩底是一种较为常见的底部形态，往往预示着市场出现了阶段性止跌，此后有望展开一轮反弹走高的行情。因此，形成该种形态后往往会成为支撑市场信心的标志。如图6-10所示。

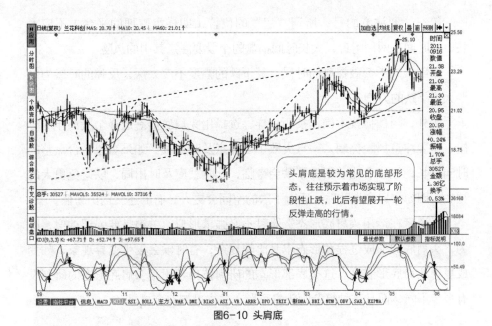

图6-10 头肩底

对于投资者来讲，看到头肩底这个图形时，就要想到这是股价见底回升的信号，这时不要再继续看空，而是要做好随时进场的准备。一旦看到股价放量冲破颈线，就要考虑买进一些股票，这就是第一买点。

如果股价冲破颈线位后出现回抽动作，并在颈线位附近止跌回升，股价再度上扬时，投资者就可以加码跟进，这就是第二买点。

有一点需要注意的是，如果股价向上突破颈线时，成交量并没有配合放大，就要想到这很可能是一个假突破，这时投资者要逢高卖出股票，先退出观望，以免股价继续大幅下跌。

头肩底形成的过程用时越长，其表达的股价反转的可信度也就越大。

需要指出的是，所谓头肩底技术形态并非都有机会，也有失败的时候。投资者在选择此类个股机会的时候需要把握以下几个方面。

第一，选择那些基本面良好、有长远发展前景的品种作为参与的对象。

第二，选择个股的时候，应关注那些右肩略高于左肩并且有明显放量的个股品种。

第三，要注意的是，所谓"肩"的位置（即横盘整理的平台）不应太长，其时间在两周附近，太长时间横盘的个股要注意其中的风险。

第四，向下突破探底的时候，其下跌的幅度不应太深，反弹的时候力度要大于下跌的力度。

另外，与任何技术操作技巧一样，选择用头肩底形态选择个股操作的时候，也要注意风险控制，一旦失败了要注意及时止损。如果右边平台盘整的时间过长，往往意味着新的下跌会来临，此时就应及时出局，以避免更大的损失。因为头肩底失败后，后市下跌的空间会更大，有的还会创出新低。

投资者在运用头肩底形态选股时不必强求形似，关键是要强调神似，因为，头肩底的形成过程和形态本身比较复杂，有时候会发生变异现象，如变成复合头肩底形态等。这类底部形态的研判技巧与正常头肩底形态的研判没有多少不同，而且这种复杂的头肩底形态往往更加安全可靠。

38．反转性形态：双重顶和双重底

双重顶和双重底在现实操作中出现得非常频繁。双重顶如同字母M，双重底如同字母W，这两种形态很容易被识别，同时也是最容易迷惑人的。

（1）双重顶。双重顶是很常见的反转形态。一支股票上升到某一价格水平时，出现大成交量，股价随之下跌，成交量减少。接着股价又升至与前一个价格几乎相等的顶点，成交量再随之增加却不能达到上一个高峰的成交量，又第二次下跌，股价的移动轨迹就像字母M，这就是双重顶。股价必须突破颈线，双重顶形态才算完成。

市场经过较长一段时间的上涨后，股价涨幅已经很大，一些投资者获利颇丰，产生一种居高思危的警觉。因此，当股价在某一阶段遭突发利空时，大量的获利回吐盘会造成股价暂时的加速大跌。当股价回落到某一水平，将吸引短线投资者的兴趣。

另外，较早之前的卖出获利者亦可能在这个水平再次买入补回，于是行情开始再次上升。

但与此同时，对该股信心不足的投资者会因觉得错过了在第一次高点出货的机会而马上在市场出货，加上在低水平获利回补的投资者亦同样在这个水平再度卖出，强大的沽售压力令股价再次下跌。

由于高点两次都受阻而回，令投资者感到该股短期内没法再继续上升，于是越来越多的投资者卖出，令股价跌破上次回落的低点，双重顶形态便形成。如图6-11所示。

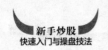

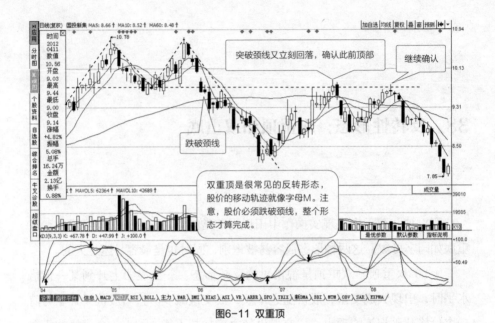

图6-11 双重顶

　　投资者在运用双重顶来研判个股时，可能会发现这样的情形：有时在初期看成双重顶的形态，在经历一段时间后有可能成了双重底形态。因此，投资者在研判时，要综合各种因素进行考虑，从而可以比较准确地判断是否会出现真正的顶部。

　　在上升的趋势中，一些所谓的双重顶形态往往会演绎成双重底形态。当然，有的个股的确在一个高点之后出现较大幅度的下调，之后再度上涨到前期高位后再度下跌，形成了真正意义上的头部。投资者需要清楚的是，形成双重顶的内在因素是介入的主力资金被套后无法顺利出局，因此被迫再度拉高股价，以便择机出局。这其实是主力一种无奈的举动。

　　双重顶形态出现在下降通道中的情况比较多，由于市场上往往有超跌抢反弹的资金在前期的低点附近做多，又在前期的高点附近做空，从而导致了双顶的形成。此时技术形态表现出来的特征往往是第二个头部低于第一个头部，这是通常出现的情况。这种下降通道中形成的双顶意味着短期的抵抗结束，市场再度向下走低，一般而言也意味着其形成的箱体中箱底的位置具有较强支撑，是未来值得关注的位置。

（2）双重底。双重底是指股票的价格在连续两次下跌的低点大致相同时形成的股价走势图形。"双重底"是标准的低价反转性形态，此后，股价会不断上升。

市场经过较长一段时间的下跌后，股价跌幅已大，持股的投资者觉得价格太低而惜售，而另一些投资者则因为新低价的吸引而尝试买入，于是股价呈现回升，上升至某一水平时，较早以前短线投机买入者获利回吐，那些在跌市中持货的投资者亦趁回升时卖出，因此股价再一次下挫。但对后市充满信心的投资者觉得他们错过上次低点买入的良机，所以这次股价回落到上次低点时便立即跟进，当越来越多的投资者买入时，求多供少的力量便会推动股价扬升，而且还突破了上次回升的高点，扭转了过去下跌的趋势。如图6-12所示。

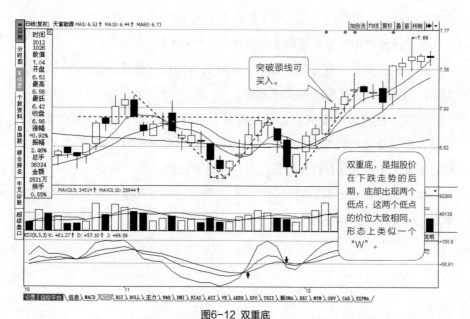

图6-12 双重底

真正的双重底形态反映的是市场在第一次探底消化获利筹码的压力后下探，而后两度发力展开新的行情。既属于技术上的操作，也有逢低吸货的意

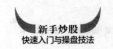
义，也就是在第一次上涨中获得的筹码有限，为了获得低位的廉价筹码，所以股价再度下探。

这就反映出两重含义：一是做多的资金实力有限并且参与的时间仓促，所以通过反复的方式获得低位筹码。同时消化市场压力，否则市场的底部就会是V形的；二是市场的空方压力较大，市场上涨过程中遇到了较大的抛盘压力，市场并没有形成一致看多的共识，不得不再次下探。

许多投资者往往喜欢在市场下跌趋势中运用双重底来判断底部和预测未来，但在实际的走势中，如果大的趋势是向下的，途中出现这种短期的双重底，多数情况下会演绎M头形态继续走低。真正成功使用该种技术形态的时段是在大趋势向上途中，市场股指或者个股股价遇到了获利回吐的压力后出现的调整和波动，只有这时，成功的概率才较高；而在趋势向下的情况下，运用这种形态判断底部常常是错误的。因此，在具体的个股操作时，建议投资者关注那些大趋势向上（至少不是向下）的个股。

在实际操作中，双重底形态的最佳介入时机有三个。

第一，在第二个底部的上翘处，此时买入的价位最低，被套的可能几乎为零，不足之处是股价不一定马上涨。

第二，在突破双重底形态的上沿时，此时买入，一般当天即可能见到效益，在资金利用效率上最合算，但不足之处是跟进的时机很紧迫，难以把握。如果主力有意震仓打压的话，有可能短期被套。

第三，在突破上沿后的回调时，但投资者必须要知道，并不是所有的双重底突破时都要回调。

39. 反转性形态: 三重顶和三重底

　　三重顶形态和三重底形态是头肩形态的一种小的变形体。从严格意义上讲，它是由三个一样高或一样低的顶或底组成。与头肩形的区别在于头的价位向回缩到与肩差不多的位置，有时可能还低于或高于肩部一点。

　　（1）三重顶。典型的三重顶通常出现在一个较短的时期内，以穿破支持线来确立形成。另一种确认三重顶的信号，可从整体的成交量中找到。伴随三重顶的形成，成交量逐渐减少。直至价格再次上升到第三个高位时，成交量才开始增加，形成一个确认三重顶的信号。如图6-13所示。

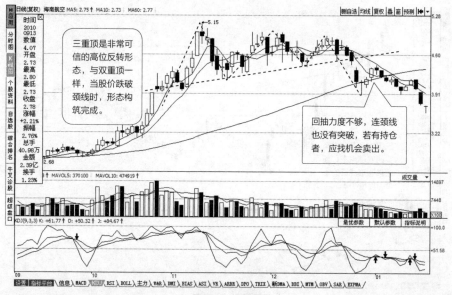

图6-13 三重顶

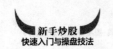

三重顶是非常可信的高位反转形态，操作过程中投资者应该注意以下几点。

第一，注意第一顶回调的深度。因三重顶形态顶点与颈线位之间的波动一般较大，投资者可以利用波动做差价。要注意的是，投资者在短线做多时要考虑第一顶回调的深度，如果深度达不到获利的有效空间，最好放弃操作。

第二，把握好三重顶形态的最佳做空点位。一是第三顶形成后第一次跌破颈线时的价位；二是价格跌破颈线后不久，出现反弹走势，向上穿越颈线，然后价格再次跌破颈线时的点位。

第三，注意止损。出现三重顶的时候，要注意设好止损点，如果价格冲破止损点位，就要改变操作方向。

（2）三重底。三重底比双重底多一个底，由三个底部组成。三重底既是头肩底的变异形态，也是W形底的复合形态，三重底相对于W形底和头肩底而言比较少见，却又是比后两者更加坚实的底部形态，而且形态形成后的上攻力度也更强。

三重底形态的上升规律与双重底形态的上升规律一样，也是颈线以上的升幅，至少是底部低点连线到颈线垂直距离的一倍。如图6-14所示。

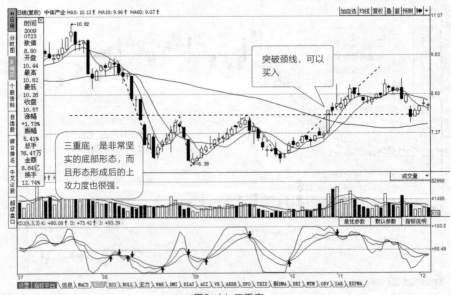

图6-14 三重底

运用三重底形态进行操盘的时候，激进型投资者可以选择在股价有突破颈线位的确定性趋势，并且有成交量伴随时介入。成熟型投资者可以选择在股价已经成功突破颈线位时介入。稳健型投资者可以选择在股价已经有效突破颈线位后的回档确认时介入。

投资者需要注意的是，在实际操作中不能仅仅看到有三次探底动作而盲目买入。从表面上形成了三重底，就一厢情愿地认定是三重底，这是非常危险的。因为，有时即使在走势上完成了形态的构造，但如果不能最终放量突破其颈线位的话，三重底仍有功败垂成的可能。

由于三重底的构筑时间长，底部较为坚实。因此，突破颈线位后的理论涨幅，将大于或等于低点到颈线位的距离。所以，投资者需要耐心等待三重底形态彻底构筑完成，股价成功突破颈线位之后，才是最佳的建仓时机。大可不必在仅有三个低点和形态还没有定型时过早介入，这样做虽然有可能获取更多的利润，但从风险收益比率方面计算，反而得不偿失。

40．反转性形态：圆弧顶和圆弧底

圆弧形态，又称碟形、圆形、弧形、碗形等。事实上，圆弧形态的形成过程与头肩形中的复合头肩形有相似的地方，只是圆弧形的各种顶或底没有明显的头肩的感觉。一般而言，圆弧形态可以分为圆弧顶与圆弧底。

（1）圆弧顶。圆弧顶是指K线连线呈圆弧形的顶部形态。在圆弧顶的形成过程中，成交量巨大而不规则，常常在股价上升时成交量增加，在上升至顶部时反而显著减少，在股价下滑时，成交量又开始放大。圆弧顶形态的形成耗时较长。如图6-15所示。

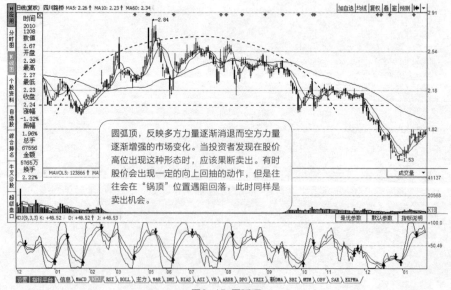

图6-15 圆弧顶

实际应用过程中，投资者需要把握下面几点。

第一，圆弧顶出现的位置在很多情况下都不是真正的顶部位置，它往往比顶部稍低一些，这也就意味着现实中的圆弧顶往往出现在价格的中高位置上。

第二，在实盘中出现频率并不高的圆弧顶，一旦形成之后，投资者应当立即采取操作，因为这一形态完成后的跌幅将是不可测的，可能远远超过投资者的心理预期。

第三，一般情况下，圆弧顶往往出现于绩优股中，由于持股者心态稳定，多空双方力量很难出现急剧变化，所以主力在高位慢慢出货，K线逐渐形成圆弧。

第四，实际上，有时当圆弧顶形成后，股价并不立刻下跌，而是横向发展，形成徘徊区域，称作"碗柄"。一般来说，碗柄很快便会被突破，股价会继续朝着预期中的下跌方向发展，但提供给了投资者在下跌之前的一个退出机会。

（2）圆弧底。所谓圆弧底，是一种非常可靠、但又很少见的底部形态，一般出现在优质股票或基本面发生重大变化的股票上。股价走势开始的时候先是下跌，由急到缓然后走平，持续一段时间开始缓慢上涨，然后上涨加速，一直涨到开始下跌的价位，整个形态粗看起来犹如一个向下弯曲的优美圆弧。

圆弧底形成的时候，成交量变化与股价变化相同，先是逐步减少，伴随股价回升，成交量也逐步增加，同样呈圆弧形。圆弧底的形成需要较长的时间。圆弧底形成末期，股价迅速上扬形成突破，成交量也显著放大，股价涨升迅猛。如图6-16所示。

有时，圆弧底形态完成后，股价并没有立即上涨，而是出现一个震仓洗盘动作，这个过程在形态上，很像"碗形底"的"碗柄"。此时投资者不要恐慌，在没有跌到前期"碗底"的情况下，应耐心持股，甚至可以待洗盘结束后适时加仓。

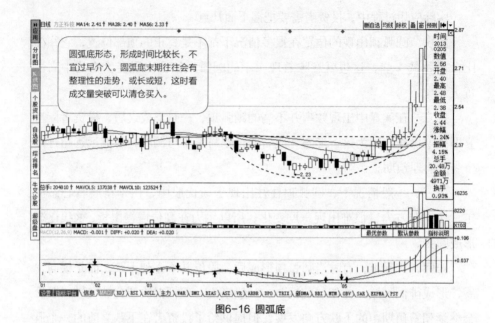

图6-16 圆弧底

值得注意的是，在所有的底部技术形态中，圆弧底形成的概率较低，这是因为形成圆弧底的形成条件较为严格。首先，它要求股价处于低价区；其次，低价区的平均价格应该至少低于最高价的50%以上，距离前期成交密集区要尽可能地远；最后，在形成圆弧底之前，股价应该是处于连续下跌状态。

在实际操作中，由于圆弧底耗时长，所以不应过早介入。在具体操作的时候，投资者还需要把握下面三点：首先，在买入之前必须确认成交量的底部已形成；其次，要在连续几日温和放量收阳线之后；最后，如果在圆弧底形成末期出现整理平台，则应在成交量萎缩至接近突破前成交量水平时及时抢进。

客观来讲，圆弧底是易于确认、坚实可靠的底部反转形态，一旦个股左半部完成后股价出现小幅爬升，伴随成交量温和放大形成右半部圆弧时便是中线分批买入时机。股价放量向上突破时是非常明确的买入信号，其突破后的上涨往往是快速而有力的。

因此，在圆弧底末期应是最佳买入时机。然而，需要说明的是，由于圆弧底易于辨认，有时太好的圆弧底反而被主力利用来出货形成骗线。因此，如果公认的圆弧底久攻不能突破或突破后很快走弱，特别是股价跌破圆弧底的最低价时应止损出局。

虽然圆弧形态被当作反转形态，但在很多时候，圆弧形态会出现在主力洗盘和拉升过程中，这时这种形态呈现出整理特征，极具欺骗性。投资者要注意分辨。

41．反转性形态：岛形反转

岛形形态，是一个孤立的交易密集区，与先前的趋势走势隔着一个竭尽缺口，并且与之后的价格趋势相隔一个突破缺口。在一波下跌走势后，价格在悲观预期中向下跳空，形成竭尽缺口，在整理一日至数日后，价格反向跳空，使整理期间的形态宛如一个孤岛。

一般来说，岛形形态的特征有以下几点：在岛形形成前出现的缺口为消耗性缺口，其后在反方向移动中出现的缺口为突破性缺口。这两个缺口在一段时间内先后出现，时间间隔可能只有一个交易日、也可能数天至数个星期。形成岛形的两个缺口大多在同一价格范围之内。岛形以消耗性缺口开始，突破性缺口结束，这情形是以缺口填补缺口，因此缺口已是被完全填补。

通常情况下，岛形形态可以分为顶部岛形形态与底部岛形形态。

（1）顶部岛形。所谓顶部岛形形态，是指股价在经过持续上升一段时间后，某日出现跳空缺口性加速上升，随后股价在高位徘徊，不久股价以向下跳空缺口的形式下跌，而这个下跌缺口和上升向上跳空缺口基本处在同一价格区域，使高位争持的区域在K线图上就像是一个孤岛。如图6-17所示。

高位岛形的顶部一般是一个相对平坦的区域，与两侧陡峭的图形形成鲜明对比。有时顶部只是一个伴随巨量的交易日构成，这是市场极端情绪化的产物。

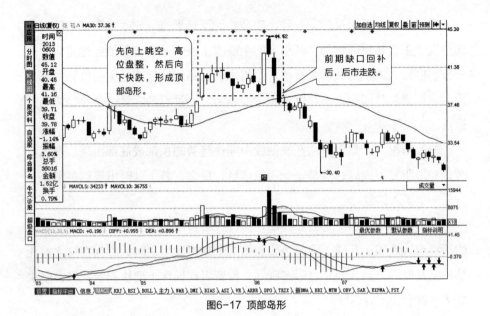

图6-17 顶部岛形

（2）底部岛形。所谓底部岛形形态，是指股价在经过持续下跌一段时间后，某日突然跳空低开留下一个下调缺口，随后几天股价继续下沉，但股价下跌到某低点又突然峰回路转，股价向上跳空开始急速回升，低位争持的区域在K线图上就像是一个孤岛。如图6-18所示。

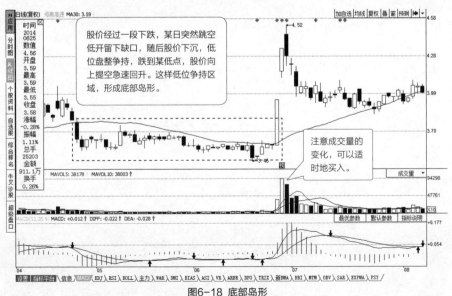

图6-18 底部岛形

　　在股市中，岛形反转是一种比较独特的反转形态，它一旦形成，往往是趋势发生重要转折的信号，其引发的上涨或下跌力量非常强烈，通常会形成一波幅度较大的上涨或下跌行情。严格来讲，岛形反转不是主要反转形态，因为它形成的时间短，不足以代表主要趋势，不过它通常是一个小趋势的折返点。

　　一般情况下，岛形经常在长期或中期性趋势的顶部或底部出现。当上升时，岛形明显形成后，这是一个卖出信号；反之，若下跌时出现这种形态，就是一个买入信号。

　　岛形反转形态出现之后，股票走势往往会转向相反方向。岛形形态最佳的买卖点为跌破上升或下降趋势线和第二个缺口发生之时，因为在这之前无法确定发展的方向，而一旦形态确立，投资者在操作上要快刀斩乱麻，坚决做多或做空，不要迟疑。

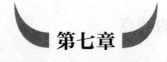

第七章
趋势无敌，一根均线走天下

均线分析技术是趋势交易技术中的一个基础内容。均线将道氏理论和波浪理论的精华，用一条曲线形象又直观地表达出来，其应用的广泛性和实用性，差不多可以和K线形态分析相提并论。对于趋势交易者来说，学会均线分析，是一个不可回避的内容。而且，有些操盘高手仅用一根均线来操作，就能稳定盈利。当然，你若想达到这样的境界，还需要努力学习。

42．移动平均线的特点

均线指标，全称移动平均线指标（Moving Average，简称MA）。它是将某一段时间的收盘价除以该周期所得到的平均价，再连接该平均线所得到的一条曲线。在实战中，MA指标是一个由多根均线所组成的均线系，包括5日、10日、20日、30日、60日和120日均线。在股票软件上，将光标放在均线上，会显示均线周期。按照时间长短，可以将其分为短期均线、中期均线、长期均线。如图7-1所示。

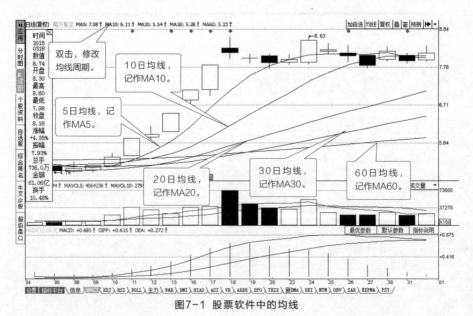

图7-1 股票软件中的均线

短期移动平均线主要是5日均线和10日均线。中期移动平均线包括20日、30日、60日均线。长期移动平均线为120日线，又称半年线。这是价值投资者、超级大户、职业炒手们操作股票时要参考的依据。

均线在实战中具有以下几个特点。

第一，追踪趋势。均线主要用来追踪趋势，这是均线最重要的作用。由于均线消除了短期价格波动的干扰，能更多地与趋势保持一致。而原始数据的股价图表不具备这个保持追踪趋势的特性。

第二，滞后性。在股价原有趋势发生反转时，由于MA的追踪趋势的特性，MA的行动往往过于迟缓，调头速度落后于大趋势。这是MA一个极大的弱点，等MA发出反转信号时，股价调头的深度已经很大了。（如图7-2所示）因此，短线、超短线交易者运用MA指标时需要结合K线、分时线等工具来综合判断，尤其是指数平滑移动平均线指标，对于MA指标的滞后性有较好的弥补作用。

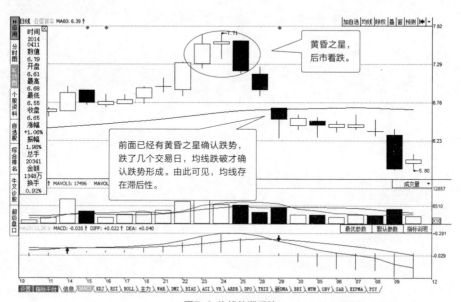

图7-2 均线的滞后性

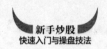

第三，稳定性。通常，越长期的移动平均线，越能表现稳定的特性，也即均线不轻易往上往下。必须股价涨势真正明朗了，移动平均线才会往上延伸，而且经常股价开始回落之初，移动平均线却是向上的，等到股价下滑显著时，才见移动平均线走下坡，这是移动平均线最大的特色。越短期的移动平均线稳定性差，越长期的移动平均线，稳定性越强，但也因此使得移动平均线有延迟反映的特性。

第四，助涨助跌。当股价突破了MA时，无论是向上突破还是向下突破，股价都有继续向突破方面再走一程的愿望，这就是MA的助涨助跌性。

第五，支撑、阻力特性。由于MA的上述四个特性，使得它在股价走势中起支撑线和压力线的作用。

43. 均线的金叉与死叉

在多条不同周期的均线中，短期均线可以表示短期内市场上所有投资者的平均交易价格，长期均线则表示长期内所有投资者的平均交易价格。通过短期均线和长期均线位之间的比较，投资者可以了解到当前短期交易价格相对于长期交易价格的变动情况，进而预测未来股价的走向。

短期均线自下而上穿越长期均线，称为均线的"金叉"，发出买入信号；短期均线自上而下穿越长期均线，称为均线的"死叉"，发出卖出信号。为了方便理解，下面我们将对这两种情况分别进行讲述。

（1）均线金叉。在短期均线和长期均线同时上涨的时候，如果短期均线自下向上突破了长期均线，就形成了均线金叉的形态。均线金叉形态说明随着股价上涨，市场上的多方力量逐渐凝聚起来。短期内投资者的平均交易价格被不断抬高，并且已经超过了长期的平均交易价格。未来股价有加速上涨的趋势。当均线金叉完成时，买入时机出现。具体操作的时候，需把握以下两点。

第一，当短期均线突破长期均线时，如果长期均线持续下跌，说明股价长期的下跌趋势还没有被扭转，此时买入需要冒一定的风险。

第二，在短期均线向长期均线靠拢的过程中，如果成交量也逐渐放大，则说明多方在积极拉升股价，该形态的看涨信号会更加可靠。如图7-3所示。

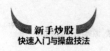
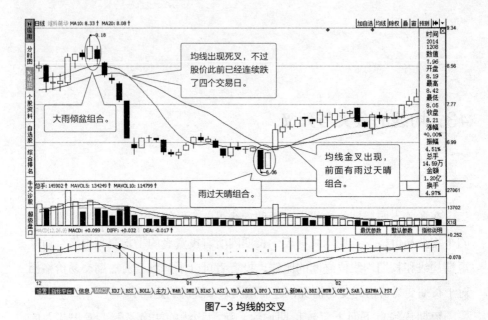

图7-3 均线的交叉

（2）均线死叉。当短期均线和长期均线同时下跌时，如果短期均线从上向下跌破了长期均线，二者就形成了均线死叉形态。均线死叉形态说明股价正处于持续的下跌行情中，并且短期内的交易价格相对于长期来看越来越低。这是未来股价还将持续下跌，并且下跌速度可能会越来越快的信号。当死叉完成时，卖出时机出现。（如图7-3所示）具体操作的时候，需把握下面两点。

第一，当短期均线跌破长期均线时，如果长期均线持续上涨，说明股价长期的上涨趋势还没有被扭转，此时卖出股票可能有踏空后市（踏空后市，就是指后市上涨却没有持有股票）的风险。

第二，在实际操作中寻找金叉或者死叉时，投资者可以选择MA10和MA30两根均线组合作为短线操作参考，也可以使用MA20和MA60的两根均线组合或者MA30和MA120的均线组合等，选择的均线周期越长，其金叉或者死叉的买卖信号可靠性越高，但是其信号时间也会更加滞后。

44．均线的突破与跌破

均线可以代表过去一段时间内市场上的平均交易价格。如果投资者将当前市场上的交易价格和过去一段时间的平均交易价格比较，可以预测未来股价涨跌，为自己买卖股票提供参照。当股价向上突破均线，就表明市场上涨趋势初步形成；当股价向下跌破均线，就表明市场下跌趋势初步形成。

（1）均线的突破。当股价突破均线时，说明当前的交易价格已经超过了过去一段时间内的平均交易价格。此时过去一段时间买入股票的投资者多数处于盈利状态，纷纷看好后市，未来股价可能会持续上涨。这是投资者买入股票的时机。如图7-4所示。

当股价对均线形成突破后，可能会有小幅回抽，但回抽到均线位置往往就会获得支撑再次上涨。当股价回抽获得支撑时，该形态的第二个买入时机出现。

研究均线的突破，投资者可以通过下面几点进行把握。

第一，当股价向上突破30日均线的同时，最好成交量也能持续放大，这是对多方强势形态的验证，这样的情况下该形态的看涨信号会更加强烈。

第二，股价突破均线后可能会有回抽，也可能没有，如果股价没有回抽，该形态就没有第二个买点。

第三，投资者在实际操作时可以参照其他周期的均线，例如60日均线、120日均线等，均线的周期越长，该形态的可靠性就越高，但相应的买卖信号会比较滞后。

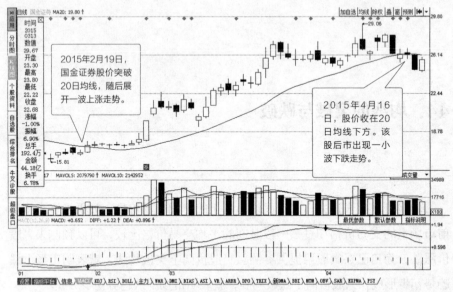

图7-4 均线的突破与跌破

（2）均线的跌破。当股价跌破移动平均线时，说明当前的交易价格已经低于过去一段时间内的平均交易价格。过去一段时间买入股票的投资者中多数已经处于亏损状态。这样的形态会让投资者对后市产生悲观情绪。未来股价可能会受到持续打压，此时是投资者卖出股票的时机。如图7-4所示。

当股价跌破均线后，可能会有小幅的反弹回抽。当股价回抽到均线位置时往往会再次遇到阻力下跌。这次回抽是对之前股价跌破均线的确认。此时是该形态的第二个卖出时机。

判断均线的跌破，投资者应从下面两点进行把握。

第一，股价跌破均线后可能会有回抽也可能没有，如果股价没有回抽，该形态就没有第二个卖点。

第二，投资者在实际操作时可以参照其他周期的均线，例如60日均线、120日均线等。均线的周期越长，投资者踏空后市的风险就越小，但相应的投资者在卖出时可能股价已经有了更大的跌幅。

45．均线的支撑与阻力

均线具有支撑和阻力的作用，这两种作用在趋势性行情中表现得最为明显。这类买点和卖点最好结合K线组合来进行综合判断，这样可以大大提高买卖点的精准度。

（1）均线的支撑。在均线上涨过程中，如果股价下跌到达均线位置并没有跌破均线，而是见底反弹，就说明均线对股价形成了有效支撑。此时多方还有能力将股价继续向上拉升，上涨行情还在继续。如图7-5所示。

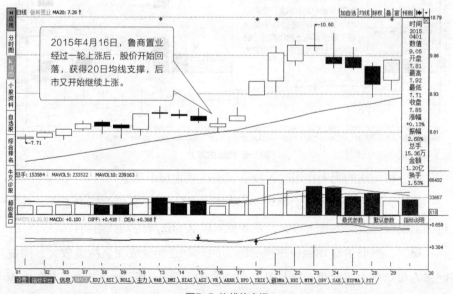

2015年4月16日，鲁商置业经过一轮上涨后，股价开始回落，获得20日均线支撑，后市又开始继续上涨。

图7-5 均线的支撑

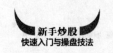

在均线的支撑作用，投资者应注意把握以下几点。

第一，有时股价可能会略微跌破均线，但是只要跌破的幅度不深，且股价马上就被拉升回到均线上方，投资者就可以认为这样的均线支撑位有效。

第二，当股价在均线位置获得支撑的同时，如果成交持续萎缩，则说明空方打压股价的力量并不强，此时该形态的看涨信号更加可靠。

（2）均线的阻力。在均线持续下跌时，如果股价上涨到均线位置不能有效向上突破，而是见顶下跌，就说明均线成为股价上涨的阻力。这样的形态说明多方无力持续拉升股价，空方还在主导行情，未来股价会受到打压而持续下跌。如图7-6所示。

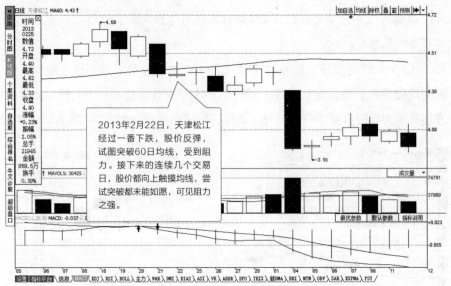

图7-6 均线的阻力

在分析均线的阻力作用时，投资者应注意把握下面这几点。

第一，有时股价可能会略微突破均线，但是只要突破的幅度不大，且股价马上就被打压回均线下方，投资者就可以认为这样的均线阻力位有效。

第二，当股价在均线位里遇到阻力的同时，如果成交量持续放大，则说明多方虽然努力将股价向上拉升，但空方的力量十分强大，多空双方在均线位置经过激烈争夺后，最终空方胜出，此时该形态的看跌信号更加可靠。

46．均线之间的黏合与发散

均线的黏合与发散是多条均线的综合运用。在一组均线系中，几条均线黏合在一起，说明市场正在进行震荡，多空双方的鏖战还没有最终分出胜负，投资者要静待结果的出现。而当一组均线经过较长时间的黏合之后，股价突然放量大涨，形成一根大阳线并一举突破多根均线（即一阳破多线），就表明经过长期震荡之后，多方占据优势，股价接下来将出现一波上涨趋势；反之，当股价突然下跌，形成一根大阴线并一举跌破多根均线（一阴破多线），就表明空方占据优势，下跌趋势即将出现。如图7-7所示。

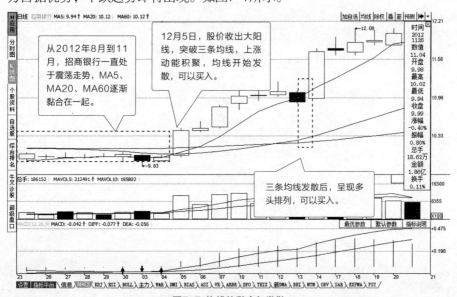

图7-7 均线的黏合与发散

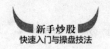
在实战中，投资者还要注意以下几个关键点。

第一，黏合的时间。一般来说，几条均线黏合的时间越长，之后的趋势性行情就越大。这就是所谓的"横有多长，竖就有多长"。

第二，投资者可以使用不同周期的均线组合来判断不同期间内的股价涨跌趋势。实战中，一般用三条均线，MA5、MA20、MA60。

第三，多头排列与空头排列。一根阳线突破黏合在一起的多根均线后，上涨趋势出现，之后几条均线发散，将形成短期均线在上、长期均线在上的局面，也即均线多头排列；而一根阴线跌破黏合在一起的多根均线后，下跌趋势出现，之后几条均线发散，将形成短期均线在下、长期均线在上的局面，即均线空头排列。均线多头排列和空头排列是投资者判断股价涨跌趋势时最常用的方法。多头排列、空头排列是趋势彻底形成的标志，也可以算作买、卖点。

47．格兰维尔八大买卖法则

在移动平均线理论中，美国投资专家格兰维尔创造的八项法则比较另类，有人认为它毫无用处，有人认为它是价值分析的精华。但不管怎么样，了解它总是必要的。格兰维尔八个买、卖点如图7-9所示。

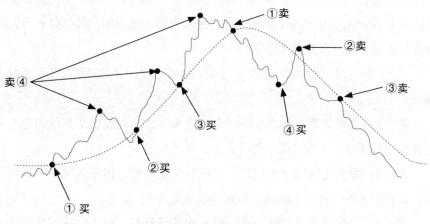

图7-8 格兰维尔八大买卖法则

（1）格兰维尔的四个买点是一个整体性的买点系统，该系统寄托在一波真正的牛市行情之中。

买点1：当均线从下降逐渐走平转为上升，而股价从平均线的下方突破平均线时，为格兰维尔第一买入信号。该信号大多出现在一波上涨趋势的开端。

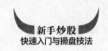

买点2：股价运行在均线上方，之后回调，虽跌破仍在上升的平均线。但不久又掉头向上，并运行于平均线的上方，此时可加码买进，为格兰维尔第二买入信号。很明显，这是上涨趋势确立后的加码买入信号，与上节中所介绍的支撑买点差不多。

买点3：股价下跌未破均线，并重现升势，此时平均线继续在上升，仍为买进信号。这是格兰维尔第三买入信号。该买点与买点2类似，不同点在于买点3是上涨趋势已经运行了一段时间之后出现的股价回调。面对这种回调，许多投资者因为前期涨幅较大而不敢入场，该买点的市场含义就是：面对真正的上涨趋势，不要怕前期涨幅，只要有回调，只要上涨趋势没有改变（均线仍维持向上走势），就可以继续入场。

买点4：当股价跌破平均线，并远离平均线时，很有可能产生一轮强劲的反弹，这也是买进信号，即格兰维尔第四买入信号。但要注意的是，反弹之后，若股价无法有效向上突破，仍将继续下挫，就表明大势已经转弱，投资者就不可恋战，需要迅速出场。

（2）格兰维尔四大卖出法则与买入法则基本上相对应，只不过方向改变。

卖点1：当均线走势从上升逐渐走平转为下跌，而股价从均线的上方往下跌破平均线时，是格兰维尔第一卖出信号。

卖点2：股价在均线下方运行，虽反弹突破均线，但不久又跌到均线下方，而此时平均线仍在下跌时，为格兰维尔第二卖出信号。

卖点3：股价跌落于均线之下，然后向均线反弹，但未突破平均线即受阻回落，是格兰维尔第三卖出信号。该卖出法则处于下跌趋势已经延续一段时间后，此时股价跌幅较大。

卖点4：股价急速上涨远离上升的平均线时，投资风险激增，随时会出现回跌，这又是一个卖出信号。

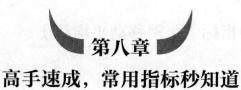

第八章
高手速成，常用指标秒知道

想要快速掌握买卖股票的方法吗？只要你懂得运用一些技术指标，便可以做到这一点。与K线技术、形态理论相比，技术指标的运用相对简单一些。本章我们将为你介绍常见技术指标的运用方法，让你快速成为交易好手。同时，将多种分析体系进行综合分析，互相加以印证，还将大大提高投资判断的准确性。需要提醒的是，这些指标几乎都会有钝化而失去意义的情况，这个时候可以结合均线来看股价走势，决定买卖。

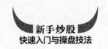

48．MACD指标（平滑移动平均线）

MACD指标，全称是平滑移动平均线，是一个常用的中长期技术指标，有"指标之王"的美誉。MACD指标来源于股价的平滑移动平均线EMA，所以具有均线指标稳定、能追随趋势的特点，能够对市场动能做出客观的反映。同时MACD指标去掉了均线有时频繁发出假信号的缺陷，使得指标在对中长期趋势的把握上准确率较高，所以深受趋势型投资者的欢迎。

MACD指标由DIFF线和DEA线这两条曲线以及MACD柱线构成。如图8-1所示。

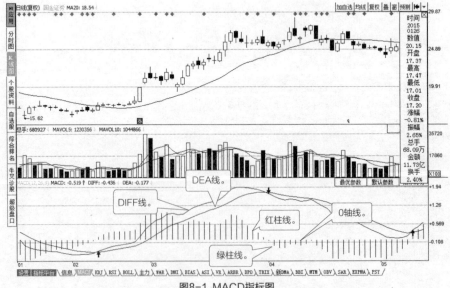

图8-1 MACD指标图

DIFF线变动较为灵敏，DEA线变动较为平缓，中间的横线是0轴，围绕0轴上下波动的柱状线，是MACD柱线。当DIFF线位于DEA线上方时，MACD柱线位于0轴上方，显示为红色；当DIFF线位于DEA线下方时，MACD柱线位于0轴下方，显示为绿色。MACD柱线越长，说明DIFF线距离DEA线的距离越远。

MACD指标剔除了股价短期上下波动的影响，主要反映市场中长期趋势，对股价短期走势的反映往往较为滞后，远不如K线形态及时。因此，在运用这一指标时，最好与K线配合，提高准确性。

实战中MACD指标主要有以下三种用法。

第一，金叉与死叉。当DIFF线自下而上穿越DEA线时，出现"金叉"，发出买入信号；当DIFF线自上而下穿越DEA线时，出现"死叉"，发出卖出信号。如图8-2所示。

在不同周期的K线图上，金叉与死叉所发出的信号强度也有所不同，周期越长，其信号强度就越高。例如，月K线图上的信号强度要强于周K线图，而周K线图又强于日K线图。

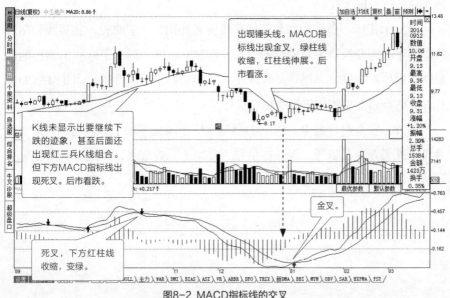

图8-2 MACD指标线的交叉

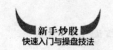
第二，股价与两线的背离。股价与MACD指标的背离，分为顶背离和底背离两种情形。顶背离是指当股价逐波创新高时，DIFF线和DEA线却没有同步创出新高。或者当股价与前高持平时，DIFF线和DEA线却明显走低。顶背离发出卖出信号。

底背离是指当股价逐波创新低时，DIFF线和DEA线却没有同步创出新低；或者当股价与前低持平时，DIFF线和DEA线却明显走高。底背离发出买入信号。

第三，股价与柱线的背离。在MACD指标中，除了DIFF线和DEA线会和股价产生背离外，有时MACD柱线也会与股价产生背离走势。当股价创出新高，与此同时MACD柱线却出现了缩短情形，顶背离出现。当股价创出新低，与此同时MACD柱线却出现了升高情形（从下方向零轴靠近），底背离出现。

K线图与MACD指标的结合应用，就是将双方所发出的信号，进行相互验证，以提高信号的可靠性。这一点，与K线图和均线的实战结合方法相同，这里就不再重复。

MACD指标不适合短线和超短线投资者使用。一般来说，在短线和超短线交易中，需要投资者对股价的短期波动非常敏感。而由于MACD指标的滞后性，股价的短期波动很难及时地在MACD指标上予以反映，因此MACD指标并不适合用于短线和超短线交易。

另外，在盘整行情中，MACD指标一般会围绕零轴上下运动，频繁发出金叉、死叉等交易信号，而这些信号大多属于无效信号，因此MACD指标也不适合在盘整行情中使用。

49．KDJ指标（随机指标）

KDJ指标，全称随机摆动指标，一般用于市场中短期的趋势分析，是根据统计学原理，通过一个特定周期内出现过的最高价、最低价及最后一个计算周期的收盘价，通过一系列计算后得出K值、D值与J值，并绘成相应的曲线图来研判股票走势。

KDJ指标由三条指标线构成，分别是指标线J、指标线K和指标线D，其中，指标线J的波动最为灵敏，其次是指标线K，最后是指标线D。如图8-3所示。

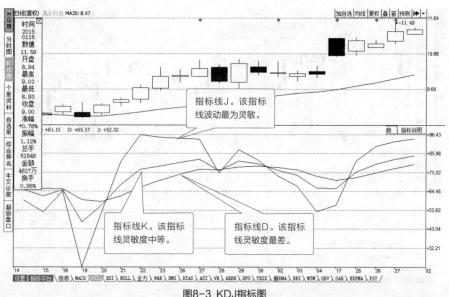

图8-3 KDJ指标图

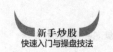

在实战中，KDJ指标主要有以下三种用法。

第一，超买与超卖。在上涨趋势中，当KDJ指标的K值或D值大于80时，股价处于超买状态，意思是当前的涨势已经"超出了买方的实力"，那么股价随时可能出现回落。

在下跌趋势中，当KDJ指标中的K值或D值小于20时，股价处于超卖状态，意思是当前的跌势已经"超出了卖方的实力"，那么股价随时可能出现回升。

在非常强劲的趋势中，KDJ指标的超买与超卖，容易出现钝化现象，也就是失去了应有的信号作用。例如在一段强劲的上涨趋势中，技术指标已经出现了超买，但是股价仍然继续上涨，此时是否超买就失去了分析的意义，指标在高位出现了钝化。如图8-4所示。

第二，金叉与死叉。当指标线K向上穿越指标线D时，金叉出现，为看涨信号；当指标线K向下穿越指标线D时，死叉出现，为看跌信号。当指标线K、指标线D在50上下反复缠绕时，金叉与死叉就失去了信号的意义。

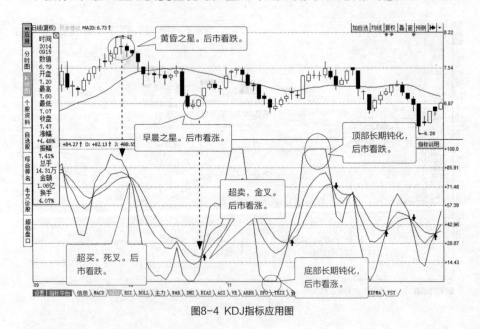

图8-4 KDJ指标应用图

由于KDJ指标对股价波动非常敏感，有时股价的小幅波动，都会导致指标线K与指标线D出现金叉或者死叉情形。因此KDJ指标的交叉，经常会发出无效信号。

第三，背离。有时候，KDJ指标与股价走势，也会出现顶背离和底背离情形。顶背离预示着股价可能将要开始下跌，底背离预示着股价可能将要开始回升。KDJ指标的具体使用方法，与MACD指标背离的应用方法完全相同。

由于KDJ指标能够灵敏地反映股价短期内的波动，因此对于短线投资者而言，该指标具有很高的应用价值。但是，这一优点，同时也会带来一个缺陷，就是KDJ指标经常会发出一些无效信号。而直接反映股价趋势变化的蜡烛图，则可以很好地弥补这一缺陷。

如果投资者能够将K线图技术，与KDJ指标很好地结合，将KDJ指标发出的信号作为重要参考，将K线图发出的信号作为验证手段，将能够很好地把握住股价短期的波动节奏，提高交易胜率。

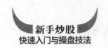
50．BOLL指标（布林线）

BOLL指标，也称布林线，是根据统计学中的标准差原理设计出来的技术指标。其设计原理是，股价总是围绕某个中轴在一定的范围内波动，可以利用统计原理求出股价波动的标准差，从而确定股价的波动范围。

将上述这个计算出的股价波动范围，体现在具体的图表上，就形成了一个带状区间。股价就在这个区间的上限和下限之间进行波动。而这条带状区间的宽窄，也会随着股价波动幅度的大小而变化。股价涨跌幅度加大时，带状区变宽；涨跌幅度变小时，带状区则变窄。

布林线由三条曲线组成，分别是上轨线、中轨线和下轨线。如图8-5所示。

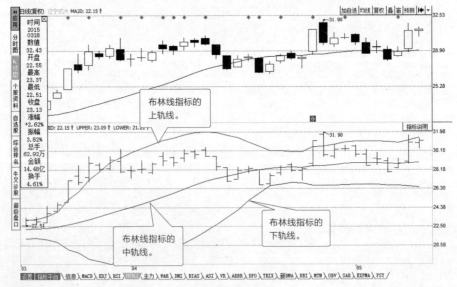

图8-5 布林线图

实战中布林线指标，主要有以下两种用法。

第一，支撑与阻力。一般来说，布林线的下轨对股价有支撑作用，上轨对股价有阻力作用。中轨对股价既有支撑也有阻力作用：当股价在中轨上方时，中轨对股价将产生一定的支撑作用；当股价在中轨下方时，中轨对股价将产生一定的阻力作用。

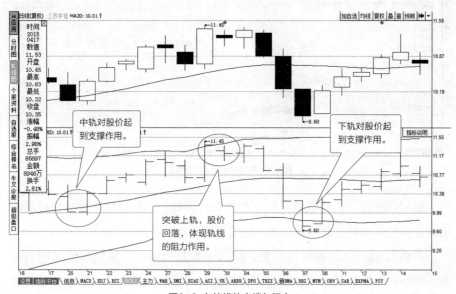

图8-6 布林线的支撑与阻力

在股价的震荡走势中，例如横盘震荡或者震荡攀升中，布林线对股价的支撑与阻力作用，表现得最为明显。而在单边上涨或者下跌的趋势性走势中，这种作用表现得则不太明显。如图8-6所示。

第二，收缩与扩张。随着股价波动幅度的不同，布林线的带状区域也会呈现相应的变化。当股价波幅逐渐减小时，布林线的带状区域也相应紧缩，会形成类似紧口喇叭的形状；当股价波幅扩大时，布林线的带状区域也相应扩张，形成类似开口喇叭的形状。

反过来看，当布林线的喇叭口极度紧缩时，说明此时股价的波幅也极度缩减。如图8-7所示。

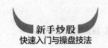

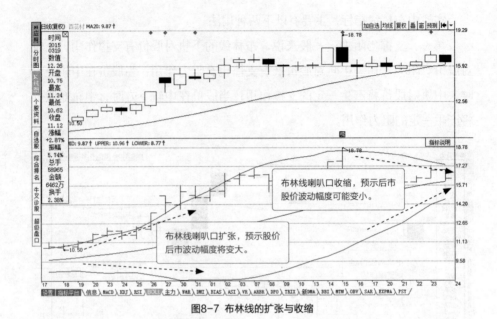

图8-7 布林线的扩张与收缩

极度收缩之后，往往就是极度的扩张。因此，当布林线的喇叭口极度收缩时，就预示着后市股价将迎来一轮单边的暴涨或暴跌行情。

布林线喇叭口的收缩与扩张，只预示着股价后市的波动幅度可能将变大，不能作为股价后市涨跌的根据。因此，当布林线的喇叭口处于收缩状态时，投资者需要通过其他分析手段，来判断股价后市到底是涨还是跌。或者投资者可以采取跟随策略，当股价运行方向明确的时候，再及时进行相应的买卖操作。

当布林线的喇叭口逐渐趋于收缩时，投资者需要注意，由于此时股价波幅越来越小，如果继续按照轨线的支撑与阻力作用，来进行短线波段交易的话，可能不太适宜。投资者此时应该保持空仓观望，等待后市股价上涨趋势明确后，再入场不迟。

51. RSI指标（相对强弱指标）

相对强弱指数（RSI）是通过分析市场买卖盘的意向和实力，从而确认未来市场走势的一种指标。相比起其他分析工具，RSI是其中一种比较容易被大众所掌握的计量工具。

RSI指标最开始被应用于期货买卖，后来投资者发现它也适合于股票市场的短线投资，于是被用于股票升跌的测量和分析中。RSI有三个指数，其中RSI6表示6日相对强弱，RSI12表示12日相对强弱，RSI24表示24日相对强弱。RSI以50为分界线，大于50视为多头行情，小于50视为空头行情。如图8-8所示。

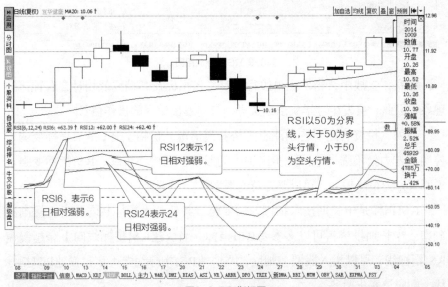

图8-8 RSI指标图

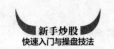

RSI指标的使用规则如下：

第一，RSI值上升到80时为超买，要密切关注，注意风险；RSI值降到20时为超卖，股价可能不久会反转，可择机买入。特别建议，RSI值升到70以上，最好卖出。RSI值降到20以下，调整心态，考虑适时买入。如果8-9所示。

第二，RSI指标在80以上形成M头或头肩顶形态时，视为向下反转信号；RSI在20以下形成W底或头肩底形态时，视为向上反转信号。

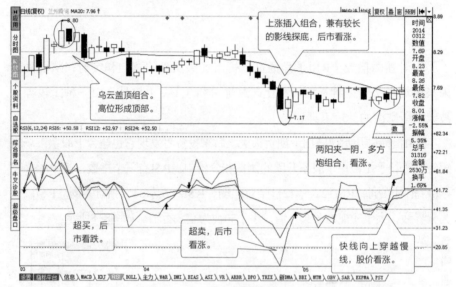

图8-9 RSI指标应用图

注意，实战中，当发生单边行情时，该指标在高档或低档时会有钝化的现象。因此，会发生过早卖出或买进，容易发出错误的操作信号。

另外，投资者还要特别注意走势背离情况。价格上升，RSI指标变弱，说明买方力量不强，最好先卖出手中的股票。而价格下跌，RSI指标变强，说明买方力量比较强，可以坚定持有股票。

RSI指标是中长期技术指标，需要配合其他技术指标共同分析，提高准确率。中长期投资者可以多参考RSI指标。当快速RSI指标线向上穿越慢速RSI指标线，可以买入股票。相反，当快速RSI指标线向下穿越慢速RSI指标线，则应该卖出股票。

52．PSY指标（心理线指标）

心理线主要研究投资者的心理趋向，将一定时期内投资者趋向买方或卖方的心理事实转化为数值，形成人气指标，从而判断股价的未来走势，一般以10日为短期投资指标，以20日为中期投资指标。

心理线指标的计算公式：

$$\text{PSY}(n) = n \text{日内收盘价上涨次数}/n \times 100（通常将} n \text{设为5、10、30、650）}$$

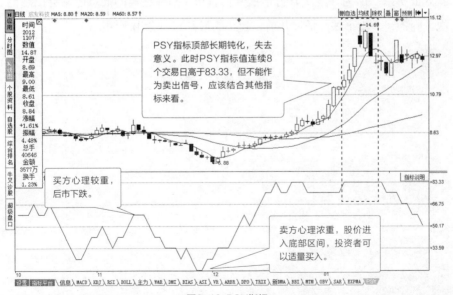

图8-10 PSY指标

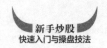

关于心理线指标的运用，投资者可以注意以下几个要点。

第一，PSY介于25～75区间时，是合理的主动范围。

第二，PSY为25左右或低于25时，表明卖方心理浓重，股价已进入谷底，投资者可适时买入。

第三，PSY为50左右时，表明多空双方正在观望，买卖人气均衡，投资者应择机而动。

投资者应注意，虽然心理因素在股市中的影响力远远超过它在其他实业领域中的表现，但仅凭PSY指标来决定买卖，是很不可靠的，尤其是遇到大牛市来临的时候，明明显示超买将要下跌，但股价偏偏不断地往上攻。因此，运用PSY指标，要综合其他技术指标共同分析，特别是该指标钝化失效的时候，最好看一看其他的指标，再决定买卖。如图8-10所示。

PSY指标与K线相互对照，可以比较清楚地从股价变动中了解超买或超卖情形。另外，PSY指标有一个优势，就是投资者有比较充足的时间思考是否买入或卖出。因为一段上升行情展开前，PSY指标超卖的低点通常会出现两次。同样，一段下跌行情展开前，超买的最高点也会出现两次。

53．WR指标（威廉指标）

股市中技术分析指标很多，但许多投资者习惯用单一的技术指标进行分析，这样是不能全面分析股票走势的，因为每一个技术指标都有自己的优缺点，所以投资者在进行技术分析的时候，要考虑多项技术指标的走势，同时结合具体走势进行分析理解。

威廉指标是美国著名投资家拉瑞·威廉研究创立的反趋向指标，全名叫"威廉超买超卖指标"。它是通过某一周期（10日或14日）内最高价与周期内最后一天的收盘价之差，再与周期内最高价与最低价之差的比值计算，从而及时观测股市超买超卖信息的一种技术分析指标。

威廉指标计算方法：

$$WR = (Hn-C) / (Hn-Ln) \times 100$$

其中，C为周期内最后一天的收盘价，Ln为周期内的最低价，Hn为周期内的最高价，公式中的n为选定的计算时间参数，一般为10日或14日。

投资者在应用威廉指标操作时可主要参考以下情况。

第一，当WR值低于20时，属于超买，行情即将见顶，可以卖出。

第二，当WR值高于80时，属于超卖，行情即将见底，可以买进。

第三，当WR由超买区向上爬升，突破50中轴线时，表示涨势转强，投资者可以买进股票。

第四，当WR由超卖区向下滑落，跌破50中轴线时，是跌势转强，投资者应卖出股票。

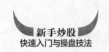

第五，当WR进入超买区，并非表示行情会立刻下跌，在超买区内的波动，只是表示行情价格仍然在强势之中，直到WR回头跌破卖出线时，才是卖出信号。反之也是一样。当WR向上触顶4次时，第四次是最佳卖点；当WR向下触底4次时，第四次是比较好的买点。

第六，WR通常以n日内市场空方的力量与多空总力量的比率来研判市场。公式中n的取值，通常有6、12、26等，分别对应短期、中短期、中期的分析。

上述内容是该指标的基本内容，在实战中具有一定的意义，投资者可灵活运用。如图8-11所示。

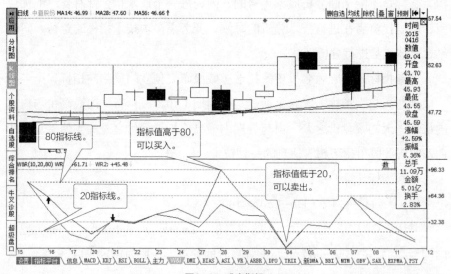

图8-11 威廉指标

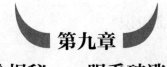

第九章
量价揭秘，一眼看破涨与跌

　　成交量是判断股票走势的重要依据，它反映了多空双方博弈的激烈程度。技术分析理论认为，成交量是技术分析四大要素"量、价、时、空"中最根本的要素。股市里常有言道："先见量，后见价，量在价先。"成交量的变化和股价的运动是密不可分的两个连体婴儿，谁也没办法离开谁，不能缺失任何一方。特别是短线股票投资者，要十分重视成交量的分析，在短线投资者眼中，成交量的重要性甚至超过价格。

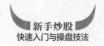
54．成交量的基础知识

成交量分为成交股数和成交金额两种形式，前者是买卖股票的数量，后者是买卖股票的金额，它们是同步发生的，都跟数量有关系。

（1）成交股数。成交股数是指在某一特定时间内，在证券交易所交易的某支股票（或大盘）的成交股数。它以股为基本计算单位，在行情分析软件上则以手为统计单位。

成交股数是最基本的成交指标，也是行情分析软件上最常用的个股成交量数据。它如实地反映了当前成交股票的数量，有利于统计个股换手率和股东持股状况等。但成交股数的不足之处也是很明显的：

比如，某股一日成交了100万股，对于一个流通盘为1亿股的股票来说，这个1%的换手率显然是很低的；但是这个成交量若发生在一个流通盘为1000万股的股票上，其10%的换手率则透露了该股当日成交活跃的信息。

因此，在分析个股成交量的时候，我们也要关注换手率，这样才可以横向对比所有股票的成交活跃程度，进而对比哪支股票更具有投资的价值。

（2）成交金额。成交金额是指在某个特定时间内，在证券交易所交易的某支股票（或大盘）的成交金额，它由即时成交的股数乘以成交的价格相加总而成。它的基本计算单位是元，但在行情分析软件上则常以万元为统计单位。

成交金额也是比较常见的成交指标，常用于对大盘或对超级大盘股的分析。与成交股数相比，成交金额这个指标更有意义，它显示了市场上主流资金的流向，以及投入市场的总体资金状况，它以资金的形式直接体现了市场参与的冷热状况。

比如说，大盘当日成交量是1亿股，可能交易者没有什么概念，但是，如果说当日大盘成交金额是100亿元，交易者就能直观地知道进入市场的资金规模和大致人气。同时，通过察看行情分析软件上的"今日总资金排名"，观察成交金额最大的几支个股，交易者就可以直观地感受到今日主流资金的流向。

以上就是成交量的概念，我们经常所讲的量价分析，主要指的是成交股数。每天听广播、看电视、读报纸或浏览网页，遇到股市评论的时候，总是听到或看到这样的词句："量增价升""今量缩价跌""放量明显，趋势确立""有成交的配合突破才有效"等等。其中所讲的量，大多指的是成交股数。

这些词句听起来似乎都很有道理，但又让人不明所以。那么，又有什么意思呢？为了方便我们更准确地掌握股市动态，我们有必要学习有关成交量的基本知识。事实上，K线分析技术也离不开成交量分析。下面我们先来了解成交量的两个基本概念：放量和缩量。如图9-1所示。

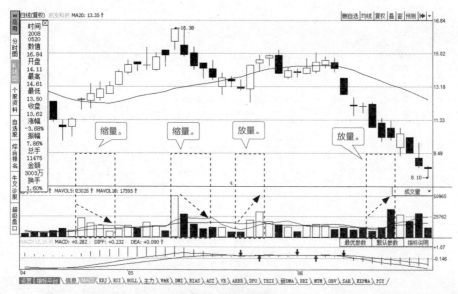

图9-1 放量与缩量

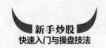

（1）放量，是指个股在某个时间段的成交量与其历史成交量相比，有明显增大的迹象。在正常的情况下，股票成交量放大，是因为多空双方对后期走势的看法出现了较大分歧，且筹码不集中的原因。放量一般发生在市场趋势发生转折的拐点处。此时，一部分交易者看空后市，而另一部分交易者则坚决看好后市，于是有人纷纷抛售，有人大笔吸纳。但是放量相对于缩量来说，有很大的做假成分，因为主力可以利用手中的筹码和资金进行对敲。

（2）缩量，是指个股在某个时间段的成交量与其历史成交量相比，有明显减小的痕迹。在正常的情况下，股票成交量缩小，是因为多空双方对后期走势的看法比较一致，或者筹码过于集中的原因。缩量往往发生在趋势的上升或下降的进行中，多空双方基本上持相同的看涨或看跌态度，导致看涨时少有人抛售，看跌时少有人买入，成交量自然无法扩大。

55．成交量与价格的关系

了解放量和缩量之后，再考虑股价的涨跌、趋势，这就要了解成交量与价格配合情况。主要有两种状况：量价同步和量价背离。如图9-2所示。

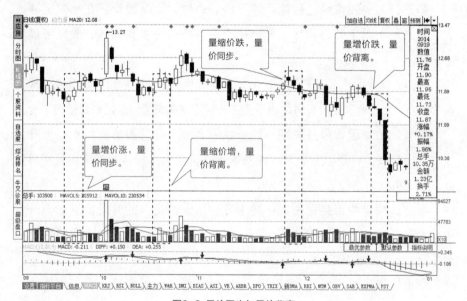

图9-2 量价同步与量价背离

（1）量价同步，是指成交量的增减与股价涨跌成正比关系。量价同步可分为上涨同步和下跌同步。上涨同步是指量增价涨的状态；下跌同步是指成交量减少的同时股价下跌，形成量缩价跌的状态。

（2）量价背离，是指成交量的增减与股价涨跌成反比关系。量价背离

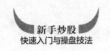
可分为上涨背离和下跌背离。上涨背离是指股价上涨时成交量没有放大，形成量缩价涨的状态；下跌背离是指股价下跌时成交量没有缩小，形成量增价跌的状态。

在股市实盘操作过程中，量价配合具有十分重要的意义。下面我们就来讲一讲量价配合在实战过程中的运用：

第一，如果股市经过长期一轮下跌后企稳，此时股价上升，成交量也上升，意味着股市由空头态势转为多头态势。股民可以考虑建仓。

第二，如果股市经过长期一轮上升后不太稳定，此时股价继续上升，成交量也继续上升，要警惕股市可能由多头态势转为空头态势。股民最好提前平仓。

第三，如果股市经过长期一轮下跌后企稳，此时股价还在小幅下跌，成交量开始小幅上升，意味着股市由空头态势转为多头态势。股民可以考虑建仓。

第四，如果股市经过长期一轮上升后不太稳定，此时股价开始暴跌，成交量却大幅上升，要警惕股市可能由多头态势转为空头态势。股民最好提前平仓。

第五，如果股市经过长期一轮下跌后企稳，此时股价开始小幅上升，成交量还在减少，意味着股市底部基本形成，空头态势转为多头态势指日可待。股民可以考虑建仓。

第六，如果股市经过长期一轮上升后不太稳定，此时股价继续上升，成交量开始减少，要警惕股市可能由多头态势转为空头态势。股民最好提前平仓。

第七，如果股市经过长期一轮下跌后企稳，此时股价还在小幅下跌，成交量也还在小幅下跌，意味着股市底部将要形成，空头态势将转为多头态势。股民可以考虑建仓。

第八，如果股市经过长期一轮上升后不太稳定，此时股价开始暴跌，成交量开始减少，要警惕股市可能由多头态势转为空头态势。股民最好提前平仓。

56. 上涨的成交量变化情况

股价上涨，自有其原因。懂得其中奥妙的人，自然可以心安理得地买卖股票。而如果不懂其中原因，即便买入了上涨的绩优股，内心也不安定，一旦遇到风吹草动，便草木皆兵，很容易抛掉手中的好股票。

事实上，绝大部分的股票投资者都存在这样的问题，所以主力稍微洗盘，就吓得纷纷跑掉，结果错过后市的好行情。

同样，不懂得股价上涨的原因，很可能会遭遇主力骗线，成为接盘侠，套牢在高位。

所以，我们投资股票，要了解股价为何上涨。下面我们将讲述最实用的量价分析方法，从量价配合的角度来分析股价上涨的内在原因，希望大家能获得启发。

（1）放量上涨。股价处于长期低位中，那么买进该股的投资者一定非常稀少，如果这个时候出现巨大的成交量，通常是庄家所为，主要是为了吸引市场资金的跟进。

如果底部的放量并非巨量，后市走强的可能性还是极大的。如果该股有控盘程度较高的庄家，那么其未来走势将难以超过大盘。

这是底部的放量上涨，还有在高位平台整理后的放量上涨。一般而言，大牛股高位平台整理后，会出现一根带有较大成交量的阳线再次启动拉升，此时阳线的量能与前期巨量相比明显减少，但是较整理期又明显放大，这是一个筹码锁定的信号。

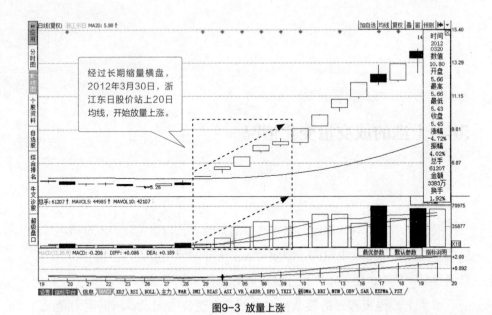

图9-3 放量上涨

值得关注的是，当一支个股的价格拉高时，放量是必要的，但是不能够太大，太大就会滞涨，涨一分钱都要花大量的买单，那干脆就别涨了。在判断上涨个股的时候，就等它开盘走过半天后，叠加一下它的成交量，与前一天的成交量对比，就能分析出是否量能释放过大，从而判断是否要跟进。如图9-3所示。

（2）缩量上涨。在股票价格或指数上涨的过程中，成交量较之前的交易日成交量有明显萎缩现象。

这种现象说明成交的只是场内资金，场外资金进场不积极。一般来说，缩量上涨表示行情可能有转折或疲软。

在相对低位的缩量上涨，说明投资者观望气氛浓厚。空头经过前期的打压，能量也消耗不少，多空对决，多方略胜一筹，接下来量能温和放大，上涨的持续性值得期待。

在相对高位的缩量上涨，应该特别注意。随着股指的上涨，投资者变得谨慎起来，追高意愿不强。一旦后续能量不能随着股指的上涨有所放大的话，见顶回落的可能性较大。此时，投资者最好观望。如图9-4所示。

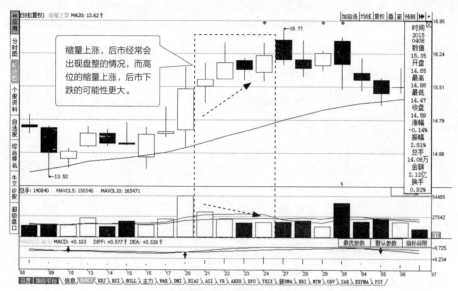

图9-4 高位的缩量上涨

还有一种特别的情况是缩量涨停。这说明绝大多数持有者对该股无强烈的抛售意向，因此该股可在没有较大抛压的情况之下涨停，成交量就相对比较小。但是，如果是被爆炒过的大牛股一旦进入下降通道，缩量涨停多为出货的中继形态，第二天大多低开低走。

实践证明，无论是缩量涨停，还是放量涨停，在其涨停后不出现大抛单就是好品种。投资者如果想要追逐涨停板要结合大盘走势和个股线及均线形态，才能更有效地降低风险。

（3）缩量回调。股价上涨到一定程度，必然会出现回调。事实上，在股票上涨过程最健康的回档就是缩量回调。缩量回调的出现，意味着筹码稳定，通常是主力拉抬股价洗盘使用的股价打压方式，后续上涨的概率较大。

回调缩量的程度说明了市场惜售的程度和浮动筹码被清理的程度。缩量的程度越高，表明回调越充分，重回升势的条件越成熟。

一般情况下，放量突破某个重要阻力位之后缩量回调的个股，常常是不可多得的买入对象，可以多多留意。实际上，回调时成交量的萎缩也限制了主力的出货，因为主力是无法在越来越小的成交量中完成大规模出货行为的。

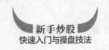
　　需要指出的是，如果回调的时间过长，幅度过大，则要高度警惕。实际上，回调的时间与幅度都与主力拉抬的方式和力度等有一定的联系。

　　另外，分析成交量的时候，配合K线来看，效果比较好。比如，K线图走到低位时，如果出现缩量锤子线，往往是底部确定的信号，这个时候，投资者可以买入。

57．下跌的成交量变化情况

在股市当中，有的人希望股价能下跌，方便入场，而有的人则希望股价能够快速上涨，实现盈利。但是现实未必如愿。即便有人如愿以偿，也未必懂得股价为何下跌，而不知道各种原因，便盲目地进行股票买卖，这将放大风险。当然，对于股价下跌的看法，每个人都不一样。下面我们通过成交量分析，来了解一下股价下跌的情况。就量价配合来看，股价下跌大致可以分成这样几种情况：缩量下跌、放量下跌和无量空跌。

（1）缩量下跌，是指个股或大盘在成交量减少的情况下，其股价或大盘出现较大跌幅的现象，它意味着多空双方没有什么分歧，一致看跌。如图9-5所示。

如果当时股价处于阶段性的底部或是在持续下跌的阶段中，那么量缩价跌是自然的现象，它表明多空双方集体看跌，卖家急于找下家买单，但买家则不愿意进场交易，于是就出现了量缩价跌的现状。出现这种状况，往往说明空方能量还没有得到释放，股价继续下跌的可能性很大，一直会持续到多方愿意进场为止。此时，袖手旁观是上策。

如果当时股价处于阶段性的顶部，量缩价跌则说明个股已被主力高度控盘，不是主力不想卖，而是主力找不到人接盘。于是主力任由少量散户左右行情，或者见一个买家就往下面卖一点筹码，因此就出现了量缩价跌的现象。见此状况，交易者应始终回避，因为此时主力的唯一目的就是出货，只要有买家就不会放过交易的机会。

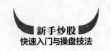

当然，还有一个可能性，那就是现在的顶部根本就不是股价的顶部，只是阶段性的向下调整行为。当市场上的浮动筹码被新的买入者或主力承接后，股价往往又会持续上升。这种量缩价跌的现象，也常常出现在上涨趋势的调整时期。

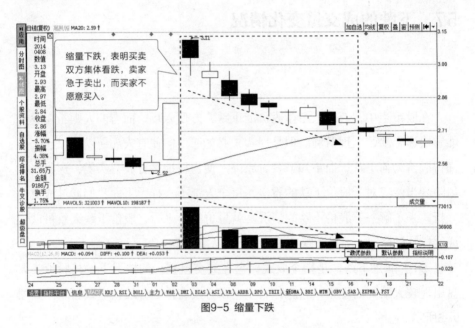

图9-5 缩量下跌

（2）放量下跌，是指个股或大盘在成交量增加的情况下，其股价出现较大跌幅的现象，它意味着多空双方意见发生了较大的分歧，但空头占据了上风。

如果当时股价处于阶段性的底部，量增价跌往往是空方继续发力的表现，它表明市场买卖者虽然发生了多空意见的分歧，但空方对后期的悲观强度超过了多方的乐观估计，导致多方的买入实力不如空方的卖出实力，因而出现了量增价跌的现象。如图9-6所示。

见此状况，交易者要密切注意，可能真正的底部为时不远了，只要买方的能量被彻底消灭，达到了跌无可跌的地步，也就是出现了地量地价的极端现象时，转势往往就会来临。此时的放量下跌说明，虽然买方开始卖出，但是这里的价格区间还不是市场的底部，只是距离底部不远，可以关注。

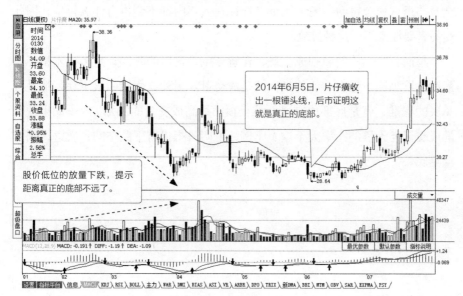

图9-6 放量下跌

　　如果当时股价处于阶段性的顶部，放量下跌则说明主力开始出货了，卖方加大了抛售的力度。由于前期个股展示了充分的财富效应，导致后期很多交易者仍然积极介入，所以此时的成交量往往比较大。当主力机构开始抛售后，股价必然会出现阶段性的跌势，甚至开始反转进入熊市阶段。所以，交易者见此状况则应该赶紧卖出手中的股票。

　　（3）无量空跌，是指个股在成交量很少的情况下，其股价出现较大跌幅的现象，它是量缩价跌的极端形式，多数出现在一些跳水的庄股或有重大利空消息的个股中。

　　一些个股在出现重大利空消息后，各路资金往往会不计成本地出逃，而多方则常常持币观望，市场承接力量极度匮乏，因而造成股价大跌而成交量稀少的现象，无量空跌也由此而来。

　　另外，一些在高位持续横盘的长庄股，一旦出现主力资金链断裂或该股出现重大利空消息时，这类个股就会马上崩盘，其股价更是连续跌停，并且成交量极度萎缩，呈现出无量空跌的状态。一般而言，一支庄股在主力已经

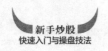
全身而退或资金链断裂的情况下，往往在一年内都不会再有什么行情，因此交易者要注意规避这种风险。

总而言之，不要忽视成交量，在解读主力盘口的时候，众多技术指标中最没有欺骗性、最有价值的指标就是成交量。另外，衡量中级下跌行情是否见底的标准，就是底部成交量要缩至顶部最高成交量的20%以内。如果低位的成交量与天量的比率大于这个比例，说明股指仍有下跌空间；反之，则可望见底。

58．牛市与熊市的成交量变化情况

市场是熊是牛，可以从成交量的变化看出来。同样地，一支股票的牛熊，也可以通过成交量变化反映出来。如果你懂得这方面的知识，便可淡定持股、从容抛售，从而达成稳定获利的目标。必须承认，股市风云变幻，充满了无常与变数，但是从中长期大势来看，有其规律可循。下面我们将为你分析牛市与熊市的成交量变化。

（1）牛市的成交量变化。通常来说，牛市形成的过程中，成交量的变化可以大致分为三个阶段：

第一，温和量增。当个股股价从一个长期的底部开始向上运行时，由于很多持股者依然不看好后市，此时的股票供应量往往会比前期底部的时候要多，导致买入者能买到较多的股票。这个时候，市场常表现出"量增价平"或"量增价涨"的温和状态。

第二，大幅量增。当个股股价从启动阶段进入明显的上升趋势后，买卖成交量随着股价的上扬下挫出现对应的增减变化。总体来说，股价大幅上升，导致成交量大幅增加的局面。这个时候，市场呈现出的是"量增价涨"的强势状态。

第三，逐步缩量。当个股股价经过一段时间的上涨进入高价位区间后，由于买卖双方的意见分歧越来越大，导致成交量巨大，同时股价上下起伏跌宕，直至后期买入者减少，成交量无法继续放大。这个时候，市场往往会呈现出"量缩价涨"的势头。如图9-7所示。

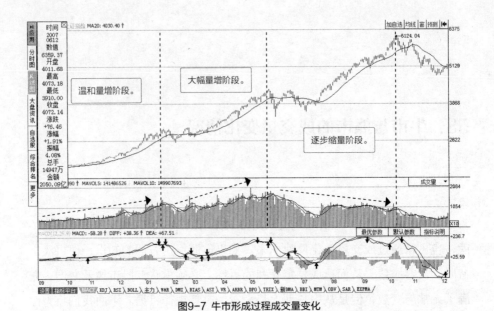

图9-7 牛市形成过程成交量变化

（2）熊市的成交量变化。通常来说，熊市的形成过程，其成交量的变化也可以大致分成三个阶段：

第一，高价位的量增价跌。当股价达到高价位区间后，主力开始出货，宣告了牛市的死亡，主力在高位抛出大量筹码，于是市场便形成了"量增价跌"的情形。

第二，无量阴跌。当个股股价进入持续的下跌阶段后，明显的熊市信号开始来临，诸多有经验的交易者开始持币观望，即使持股者急于降价成交，也往往找不到买主，于是市场呈现出"无量阴跌"的情形。这是空头能量未能得到释放的时期，交易者不可轻易抢反弹。

第三，低价位的量增价跌。当个股股价经过较长时间和较大幅度的下跌后，将步入一个相对低价的区间。于是激进的交易者开始买入，急迫的持股者终于找到了买主，成交量开始递增，直至空头下跌的能量完全释放完毕后，股价才能站稳并出现反转的苗头。此时市场往往呈现出的是"量增价跌"的势头，表明股价将接近底部区域，交易者可以做好入场的准备。如图9-8所示。

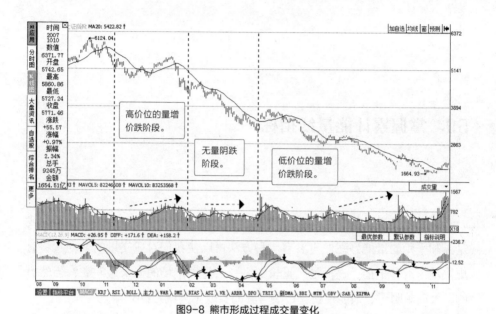

图9-8 熊市形成过程成交量变化

　　关于牛市和熊市的成交量发展阶段，在细微处并不完全吻合，会存在一些差异，而大致的走势确有规律可循。这是量价分析的特点导致的。

　　从上面两张图可以看出，无论是牛市还是熊市，都不是一朝一夕形成的，而是经过漫长的过程。在当时看未来，你未必能预料未来是牛还是熊。股市中有句名言："行情总是在绝望中产生，在犹豫中上涨，在疯狂中死亡。"如果你热爱分析，透过成交量的变化，就会发现这句名言说得一点也不错。

　　关于牛、熊转换的成交量发展规律，并不拘泥于大盘指数，同样也适用于个股走势的分析，你可以试一试，这将能锻炼和提高你的股票分析能力。

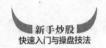
59. 掌握累计能量线指标

关于成交量，前面我们已经讲了不少，终究是放量好还是缩量好，抑或是温和平稳的量能好呢？有没有一种方法可以使我们对成交量的变动趋势有更快地了解和把握，进而通过量价关系，去把握市场的未来走向呢？当然有的，最简单明了、最能经得起市场考验的实战工具就是OBV。

OBV指标，即累积能量线指标，俗称能量潮，是由格兰维尔于1963年提出的。能量潮是将成交量数量化，制成趋势线，配合股价趋势线，从价格的变动及成交量的增减关系推测市场气氛。

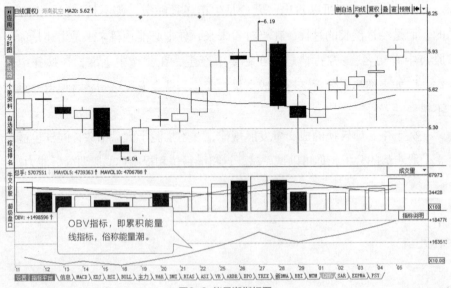

图9-9 能量潮指标图

通常，股价上升所需的成交量总是较大；下跌时，则成交量总是较小。价格升降而成交量不相应升降，则市场价格的变动难以为继。

OBV指标方向的选择反映了市场主流资金对持仓兴趣增减的变化。OBV指标的曲线方向通常有三个：向上、向下、水平。当股价上涨而OBV线同步缓慢上升时，表示股市继续看好。当OBV线暴升，无论股价是否暴涨或回跌，表示能量即将耗尽，股价可能止涨反转。N字和V字是OBV指标线最常见的形态。

第一，当股价上涨，OBV指标同步向上，反映在大盘或个股上的就是一个价涨量增的看涨信号，表明市场的持仓兴趣在增加；反之，股价上涨，OBV指标同步呈向下或水平状态，实际上就是一个上涨动能不足的表象，表明市场的持仓兴趣没有多大变化，这样大盘或个股的向上趋势都将难以维持。

第二，当股价下跌，OBV指标同步向下，反映在大盘或个股上的就是一个下跌动能增加的信号。市场做空动能的释放必然会带来股票价格大幅下行，当这种情况发生时，投资者应该首先想到的是设立好止损位和离场观望。在这种情况下，回避风险成为第一要点。

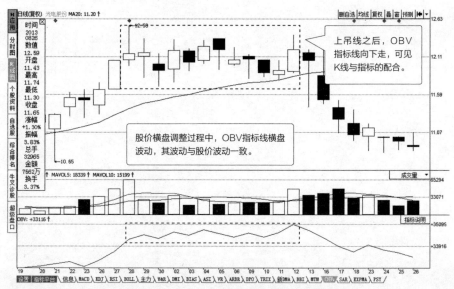

图9-10 能量潮指标的运用

第三，当股价变动，OBV指标呈水平状态，这种情形在OBV指标的表现中最常见到。OBV指标呈水平状态，首先表现为目前市场的持仓兴趣变化不大。其次表现为目前的大盘或个股为调整状态，投资者最好的市场行为是不要参与调整。当股价下跌时，OBV指标呈水平状态是股价下跌不需要成交量配合的一个最好的表象。这种股价缩量下跌时间的延长，必将令投资者的全线套牢。

最后，结合其他指标，才能提高准确率。在证券市场中，价格、成交量、时间、空间是进行技术分析的四大要素，由此我们应该清楚OBV指标作为成交量的指标，它不能单独使用，必须与价格曲线同时使用才能发挥作用。

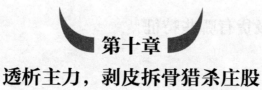

第十章
透析主力，剥皮拆骨猎杀庄股

　　主力，又称庄家，因持有巨额的控盘资金，对个股的走势影响力巨大。主力与散户是股市中的两大阵营。散户投资者行动分散，难以形成合力，是趋势的追随者，只能被动地追随个股的走势。而主力实力强大，是趋势引导者。主力入驻的个股往往会走强。因而，摸透主力意图，展开跟庄操作，将能够让我们分享主力拉升所带来的丰厚利润。

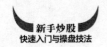

60. 主力吸货有哪些特征

在股市中，主力坐庄的基本步骤是：吸货、洗盘、拉升、震仓、出货。对于投资者来讲，要想实现与主力共底，就需要对主力坐庄的基本步骤予以研究。

主力吸货是指在股市中庄家介入某一支个股，在一段时间内不断买入（建仓或加仓）的行为。通常，主力吸货都很隐蔽，这样做是为了防止散户争抢低位筹码，给自己带来损失。当然，大规模的吸货动作是很难做到不留痕迹的。如图10-1所示。

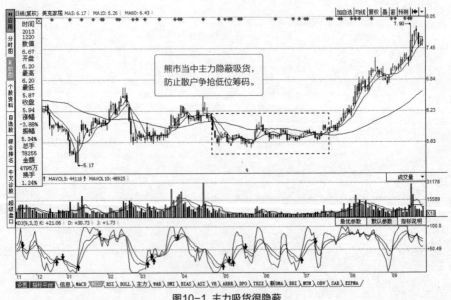

图10-1 主力吸货很隐蔽

既然主力吸货很隐蔽，我们有没有办法发现他们呢？当然有，事实上，无论主力吸货多么隐蔽，也无法不留丝毫痕迹，通过K线图的分析，便能发现主力的存在。根据我们的研究，主力吸货时K线通常具有这样几个特征：

第一，慢牛的走势。主力进场吸货，改变股票的供求关系，使得股票的下跌动能被完全抵消，股价呈现缓慢上扬的格局。主力操盘一支股票，通常需要大量的筹码，当然希望能快一点吸入，但是，如果吸货过猛的话，就会引发这支股票迅速上涨，大众将会抢夺低位筹码，这样的话，将不利于主力。所以，主力的吸货大多数时候是温和而隐蔽的。当然也有例外情况，比如在大牛市来临的时候，整个市场的资金非常充裕的时候，主力资金也会变得大胆起来，有可能毫无顾忌地使用快速吸货的手法。

第二，牛长熊短。主力建仓一般是将股价有计划地控制在一个价格区域内，当股价经过一段慢牛走高之后，庄家通常会以少量筹码迅速将股价打压下来，这段快速打压，我们通常称为"快熊"。主力为的是重新以较低的价格继续建仓，如此反复，在K线图上就形成了一些牛长熊短的"N"字形态。如图10-2所示。

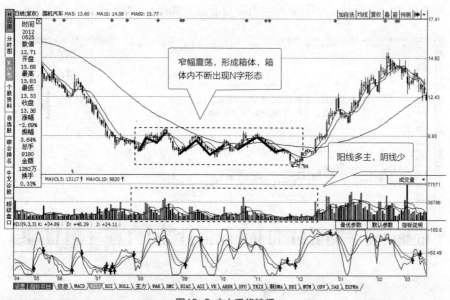

图10-2 主力吸货特征

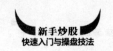
第三，K线图上基本以阳线为主，夹杂少数阴线。主力吸货阶段为了在一天的交易中获得尽可能多的低位筹码，通常采取控制开盘价的方式，使该股低开，而当天主力的主动性买盘必然会推高股价，这样收盘时K线图上常常留下红色的阳线，在整个吸货阶段，阳线多，阴线少。如图10-2所示。

第四，在比较狭窄的区域内横盘整理，往往是主力吸货留下的痕迹。通常个股的跌势只有在主力资金进场的情况下才能真正得到控制，如果下跌趋势转为横盘整理趋势，而且横盘的区间又控制在一个很窄的范围，则基本上可以认为是主力资金已经进场吸货，股价已被主力控制在建仓价格区间之内。

第五，在股价的底部区域反复出现十字星、"T"字线等K线，是十分明显的主力吸货痕迹。需要强调的是，K线图上出现的十字星往往意味着事情不寻常。如果高价位出现巨量的十字星大多是出货信号，而低价位反复出现小十字星则往往是主力吸货的痕迹，这些十字星往往伴随着温和的成交量、低迷的市场气氛、隐约的利空传闻和投资者失望的心情。这些小十字星夹杂着小阴小阳不断出现，逐渐形成一个窄窄的横盘区域，持续的时间达几个星期或更长，这便是十分明显的主力吸货痕迹。如图10-3所示。

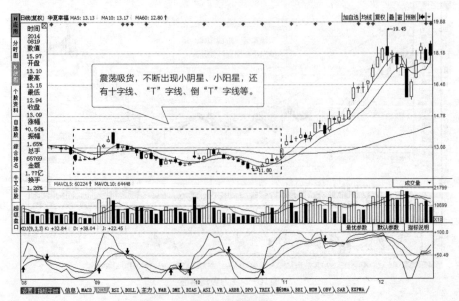

图10-3 震荡吸货

第六，K线组合在低位出现圆弧底、W底、头肩底、三重底、U形底、V形底等。

第七，箱体中波动的频率加大。通常股价上涨时成交量放大，而股价下跌时成交量明显萎缩。在低迷的股市中会表现出一定的抗跌性，时常有下影线出现，从技术指标来观察，有底背离现象产生。市场开始有一些有关该股的消息流传，但是股价和成交量基本没有反应，有时还会小幅下跌几天。

第八，与大盘走势相背的个股，通常有主力存在。之所以逆大盘行走，其中的含义是这样的：当大盘下跌时，主力借机吸纳散户抛出的筹码，所以在盘面上显示出的常常是红盘。而当大盘上涨时，由于主力还没吃够筹码，不希望股票上涨，而刻意地打压股价，让散户产生涨不起来的错觉，所以盘面显示的常是绿盘。

第九，在吸货末期，由于浮动筹码非常稀少，主力不得不将股价稍稍推高，以便吸到更多的筹码。在K线形态上表现为逐步向上的小阳线，但这些小阳线还没有达到足以引起投资者注意的程度，当主力以大成交盘和大阳线拉起股价时，投资者才如梦初醒。如图10-4所示。

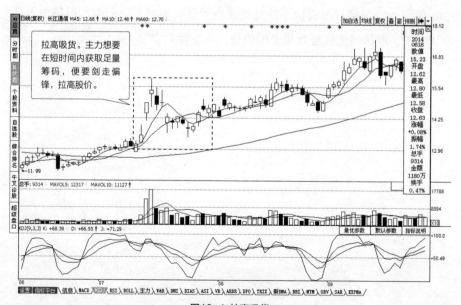

图10-4 拉高吸货

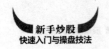

此外，需要说明的是，投资者在寻找吸货型K线形态时要牢记一点，那就是吸货形态主要发生在股价长期下跌之后的低价区，发生在被人们忽视的角落。如果出现在众目睽睽之下的高价区，或是在热门股走势图中，那就很有可能是骗人的把戏。原因很简单，主力只会在低位区域进庄，不会去接被人炒热的盘子。

在实际操作中，投资者一旦判断主力吸货接近尾声，就可以乘机介入，一般都会有不错的收获。实践证明，具备下述特征，便可初步判断主力吸货已进入尾声：

第一，放很小的量就能拉出长阳或封死涨停的次新股。

第二，K线走势随意，脱离大盘走势，走出独立行情，具有这种情况的个股，通常表明大部分筹码已经落入主力手中。

第三，K线走势起伏不定，分时走势图剧烈震荡，成交量极度萎缩。主力到了收集末期，为了洗掉短线获利盘，消磨散户持股信心，便用少量筹码作图。从日K线上看，股价起伏不定，一会儿到了浪尖，一会儿到了谷底，但是股价总是冲不破箱顶也跌不破箱底。

第四，遇利空打击股价不跌反涨或当天虽有小幅无量回调，但第二天便收出大阳，股价迅速恢复到原来的价位，突发性利空袭来。

61．主力洗盘时有什么信号

　　洗盘动作可以出现在主力操作的任何一个区域内，基本目的无非是为了清理市场多余的浮动筹码，垫高其他投资者的平均持股成本，把跟风的投资者赶下马去，以减少进一步拉升股价的压力。同时，在实际的高抛低吸中，主力也可兼收一段差价，以弥补其在拉升阶段将付出的较高成本。

　　主力洗盘的时候我们可以在K线形态上发现征兆，如大幅震荡，阴线、阳线夹杂排列，市势不定；成交量较无规则，但有递减的趋势；常常出现带上下影线的十字星；股价一般维持在庄家持股成本的区域之上，若投资者无法判断，可关注10日均线，非短线投资者则可关注30日均线；按K线组合形态的理论分析，洗盘过程即整理过程，所以图形上也都大体显示为三角形整理、旗形整理和矩形整理等形态。除此之外，还有一些常见的K线形态需要特别注意：

　　第一，连续出现阴线，但股价并未大幅下跌。股价都比较接近，往往构筑一个整理平台，这通常是牛股在中场休息，主力在卖力洗盘。

　　第二，平缓上升时突然拉出长阴线，跌破布林线指标的下轨，这种走势多为主力的洗盘行为。

　　第三，上升时突然放量下跌，但很快便收复失地。这时表明主力已经迫不及待，准备拉升了。

　　第四，上升途中突然出现长影线，也是主力洗盘的常见手法。这样在整个K线图形态上就会呈现出短期头部特征，许多抄底资金见此便会离场出

局。长长的影线对于前期被套及获利未出货者有着强烈的吸引力，主力利用这部分投资者的恐惧心理使其出货，充分清洗盘中筹码。

第五，股价处于前期技术高点成交密集区或底部横盘区域，主力采取一种大幅高开低走的手法，做出一根高开长阴线，进行震仓洗盘，这样能够让持股者失去方向感，同时，长阴线对持股者的心态有极强的威慑作用，持股意愿不坚定者会很容易被清洗出局。这种洗盘手法比较激进，因此决定了主力之后会采取较为极端的拉升方式。如图10-5所示。

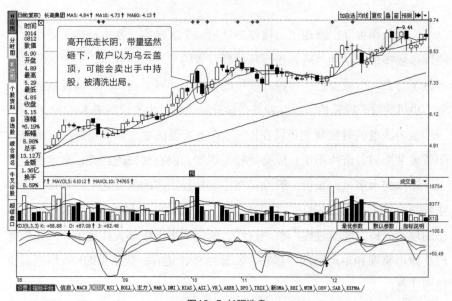

图10-5 长阴洗盘

第六，股价在一波上涨之后，主力在前期头部利用"双飞乌鸦组合"制造陷阱进行洗盘。在K线图上，前面没有出现天量大阳线或吸引跟风的走势，但是突然高位收阴，并在第二天低开低走，且收出近似光脚的阴线。这种洗盘方法动作很快，随后股价则以大阳线连续拉抬，甚至连续地涨停。

第七，个股经过下跌或调整后，抛盘逐渐枯竭，在60日均线下窄幅横盘震荡之后突然出现大阴线破位，或连续的几根大阴线打破平台位置，这种形态多是主力诱空陷阱，随后股价快速拉升。在这种情况下，一旦出现平台破位的走势，短线投资者通常都会止损出局，但是如果第二天出现大阳线，出局者往往会后悔不迭。所以，遇到前面所说的这种情况，投资者不要着急出局，可以继续观望，到第二天再决定去留。

第八，主力通常在相对的前期高点或成交密集区采用此种方法进行洗盘。当个股从底部走强重新站在60日均线之上、震荡上行时，在走势图上经常出现黄昏之星的形态，这往往是主力在洗盘。技术和图形刚刚走好，突然直接回抽到60日均线收盘。这是主力进攻前经常出现的一种打压操作，将迫使恐慌的短线跟进筹码出局。

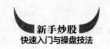

62. 如何辨别主力的诱空陷阱

实战过程中，有一个难题，就是辨别洗盘和出货。有的人觉得很烦恼，因为洗盘和出货的界定往往涉及很多知识，其实我们可以化繁为简：不用去界定洗盘和出货，只需要辨别诱空陷阱就可以了。

股价处于小幅震荡上行的慢牛趋势初期或中期，成交量有所放大，换手率也小幅增加，突然股价出现快速下跌。但是这样的下跌不会维持很久，1~2天或一周左右的时间后，股价便又重拾升势，再一次回到跳水前原有的上升趋势中，在图形上形成股价散兵坑形状，就如被炸弹炸出一般，而散兵坑出现之际将是千金难买的买入时机。如图10-6所示。

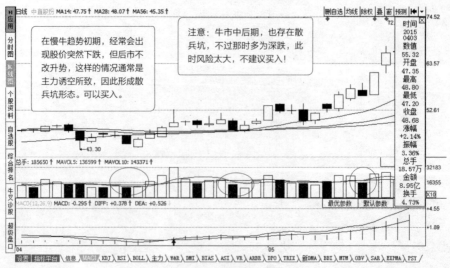

图10-6 散兵坑

　　这个在上升趋势途中出现的大坑，实质上就是庄家在拉升之前凶悍地洗盘，此招一出，把大部分浮筹都洗了出去。这是个非常有效而实用的空头陷阱。投资者可以在散兵坑出现并重返上升趋势之际买入，这是最有效的操作，因为股价重返上升趋势使空头陷阱已被确认，不买地价，不卖天价，只吃中间最甜的一段，看到趋势的重新确立才该出手时就出手。

　　在实际操作中，要注意以下几个要点：

　　第一，股价回升的时候，成交量应该有所放大，快速的回升往往预示着爆发力强大。

　　第二，股价处于慢牛趋势初期或中期时，最好已有10%以上的涨幅，说明上涨趋势已初步确立。

　　第三，股价突然间无量下挫，止跌位置相对于股价的绝对涨幅不能超过50%，如比例过高，向上的爆发力往往会减弱。

　　第四，短时间内又有能力恢复到原有的上升趋势中，最好在一周内完成，否则时间过长，散兵坑的爆发力往往会减弱。

　　第五，重返上升趋势之际，就是介入的绝佳时机。

63. 主力会在什么时候拉升

　　主力在建仓、整理、洗盘等阶段投入了大量的资金，如果不拉升股价完成出货任务，其成本将会大大增加；再者，随着主力的运作时间延续，主力的意图泄露的可能性也越来越大，这样就会带来不必要的麻烦和损失，股价的拉升可以很大程度上避免这些问题；另外，股价的拉升，可以提升股票的形象和积聚市场的人气，吸引更多投资者的参与，为日后的出货打下了较好的基础。

　　那么，主力通常会怎样拉升呢？首先，对于主力来说，需要选择恰当的拉升时机。拉升的时机选择不当的话，将会一败涂地。通常来说，庄家在选择拉升时机时会考虑以下几个因素：

　　第一，大势相对平稳。大盘走势稳健，人气旺盛，资金不断进场，大盘节节上扬。此时哪一支股票被拉得越凶，就越能吸引场外资金的追捧。这时，庄家只需少量的资金，就可以轻松地把股价拉高。当然，也有在大势比较弱的情况下拉升的例子，但是成功的概率比较小，而且成本比较高，毕竟这样的情况下，投资者都不太愿意介入个股。

　　第二，重大利好的出台。利好大市的国家经济形势、政策、方针等公布，个股的资产重组题材、送配方案、业绩改善或增长等消息，都是庄家拉升的极好时机，哪怕大市处于盘整或下跌市道，利好消息也可成为庄家拉升的兴奋剂，起到锁定筹码、减轻抛压的作用。

　　第三，热点板块的形成。股票市场历来有板块联动的规律，特别是趋势向上时，表现得格外明显。如果庄家准备拉升的股票刚好处于市场的热点板块，这个时候庄家的拉升就会具有很好的隐蔽性。

第四，利用含权和除权。这是庄家拉升出货最常见、最基本、最有效的方法，许多投资者的亏损也是中了这方面的陷阱。股票除权后股价变低，给人一种突然间很便宜的感觉。于是许多投资者便纷纷买入，庄家便借此机会拉升。

第五，图形及技术指标修复之时。现在使用技术分析方法来交易股票的人越来越多，于是庄家便千方百计地修复技术指标、画出经典的技术图形，造出三角突破、棱形突破、头肩底突破、圆弧突破、颈线位突破等假象，诱惑技术派投资者入场，以减少拉升的阻力。

第六，拉升现象通常出现在同一交易日开市不久或收市前几分钟。这主要是因为散户在刚刚开市时和闭市前并不知道自己所持的某支股票是否会上涨和上涨多少，所以此时挂出的卖单较少。庄家只需动用很少的资金就能将散户的卖单统统吃掉，从而轻易达到拉升效果。

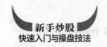
64. 主力拉升有哪些常见手法

拉升需要选择恰当时机，更需要注意合适的手法。因此，除了拉升时机，拉升的手法也要认真选择。当然，我们应该了解，每一个主力的操盘风格都是不同的，不过就拉升方式来说，大致可以归纳为这么几种。

第一，快速拉升。这种方式多出现在小盘股或部分中盘股。通常具有投资价值或有特大的利好题材作为支持，市场基础良好，投资者的追涨意识十分强烈。主力并不在乎剩余筹码的威胁，在日K线图上经常会跳空高开，短期内一般不会回补，如果投资者中途下马，会后悔不迭。如图10-7所示。

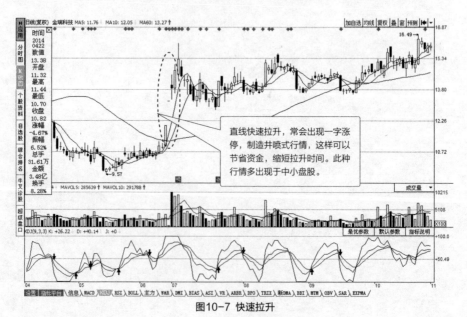

图10-7 快速拉升

第二，台阶拉升。从走势上来说，台阶拉升的走势简单明快。从形态上看，台阶拉升在股价上涨了一定幅度后采取平台或强势整理的方法，经过清洗或盈利盘换手后再度拉升，股价呈现出台阶样步步高升。台阶式拉升适用于主力实力较强、运作项目基本面优良、后市存在重大题材的大盘绩优个股。这种主力操作风格通常较为稳健。如图10-8所示。

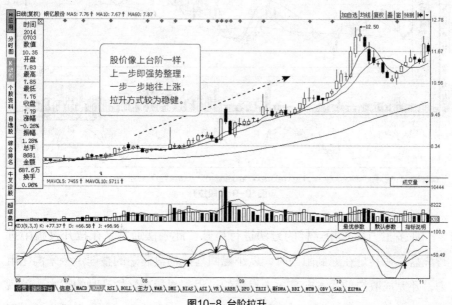

图10-8 台阶拉升

在大盘或者人气较旺的时候，主力适时抛出一部分筹码压制盘面；在大势或者人气较差的时候，主力又适当地买进一部分筹码进行护盘，由于长时间股价处于横盘状态，保持不涨不跌的态势，从而促使下档早期跟进的获利盘出现焦躁不安的情绪，信心不坚定者草草出局，信心坚定者继续持仓，而看好后市的新多头则兴高采烈地入场买进。

第三，波段拉升。这种方式多发生在大盘股及中盘股上，在市场中表现出十分稳健的姿态，比较容易被投资者所接受。其特点是股价有起有伏，一波又一波，状似浪涌，但股价的低点和高点都在不断抬高，所谓一浪高过一浪。如图10-9所示。

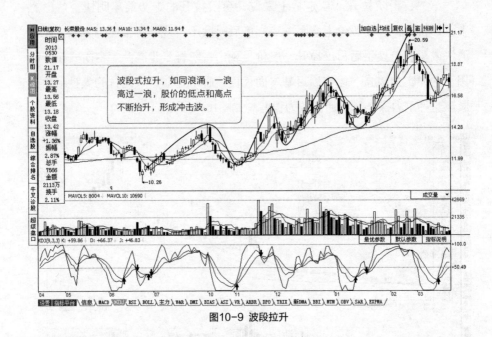

波段式拉升，如同浪涌，一浪高过一浪，股价的低点和高点不断抬升，形成冲击波。

图10-9 波段拉升

许多主力会采用这样的方法进行拉升。此手法通常是在拉升过程中进行洗盘，尤其是在遇到阻力时，以小幅回落或横盘震荡的整理走势来消化阻力，并完成散户低成本向高成本换手的过程，尽量减轻拉升时的阻力，然后趁着利好消息或市场良好的氛围再将股价拉高一个波段，进入个股价箱。形成突破之后，股价进入加速上扬的阶段。

第四，震荡拉升。在股价上涨的过程中，主力人为地制造股价的波动，虽然股价大级别的上升趋势始终未变，但是从短线上来讲，股价上下的落差空间往往是较大的。由于庄家手中持仓量不足，所以，当股价上涨到一定高度以后，便会先进行相应的减仓操作，而当股价回落到一定的低点后，庄家便会再度入场建仓。通过这种高抛低吸的操作，主力可以不断降低持仓成本，同时提高跟风者的持仓成本。

第五，斜角拉升。主力沿着一定斜率的直线拉升股价，在当日走势上，表现为下方有大量大额的买单，以显示主力的实力，然后一分一秒地把股价往上拉升；拉升一段时间后，还常常放下鱼钩，以吸引散户去逢低吸纳，然后又将股价拉上去。采用此法拉升的主力，实力一般较强，出货时往往还会有上市公司题材配合。如图10-10所示。

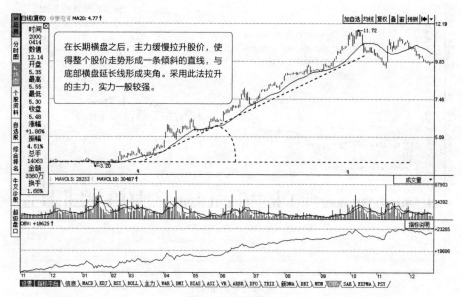

在长期横盘之后，主力缓慢拉升股价，使得整个股价走势形成一条倾斜的直线，与底部横盘延长线形成夹角。采用此法拉升的主力，实力一般较强。

图10-10 斜角拉升

第六，随意拉升。一般来说，此类主力的资金雄厚，股价是以小阳线的方式连续上扬，并且常常不理会大盘的涨跌，操纵股价时不讲章法，我行我素、独来独往，个股的走势完全取决于主力的意图，其拉升的目标都非常之高，个股的市场跟风盘也是十分好。在这种拉升的过程中，主力对筹码的控制有着绝对的主动权。

第七，复合拉升。有些主力坐庄时还没有形成自己的风格，在拉升过程中会尝试各种各样的手法，因此不太好判断。许多老练的主力在拉升手法上更是常常出新，让普通投资者很难弄清楚到底是拉升还是已经出货。

第八，圆弧拉升。主力在底部吸足筹码后，股价开始步入上升通道，但是尚处于初升阶段，其速度比较缓慢，阴阳相间，交替上升。而后，在推力和惯性的作用下进入正常运行轨道，速度与能量也趋之合理。股价越涨越

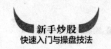
快，角度越来越陡，势头越来越凶，行情进入最后冲刺阶段。不久，行情宣告结束，整个拉升过程呈现弧形上升。

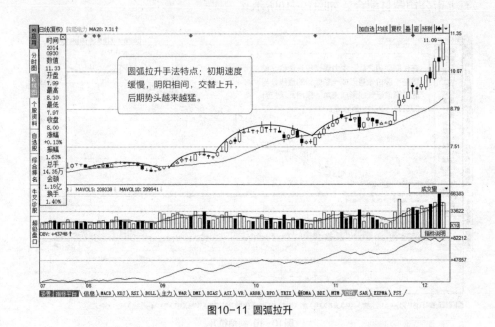

图10-11 圆弧拉升

上面就是主力拉升股价的一些基本手法，当然，拉升股价的方法肯定不只以上八种，还有许多不同的方式。我们讲述这样几种拉升方法，其目的不是让读者按图索骥地进行股票买卖，而是希望通过这样的分析与解读，让投资者学会思考主力的动作，如果能够经常思考与分析，用不了多久，一个投资新手也会变得像个投资老手。记住，按图索骥地购买股票是很难帮你赚钱的，唯有独立思考，开发出自己的智慧，才能帮助你捕捉到真正的赚钱机会。

一般而言，不管主力采取何种方式拉升，在其运作的过程中，总是会留下一些较为明显的特征。通常情况下，主力拉升的K线形态特征有以下几点：

第一，在拉升阶段中，主力经常在中高价区连拉中阳线、长阳线，阳线的数量多于阴线的数量。

第二，阳线的涨幅实体大于阴线的跌幅实体。

第三，日K线经常连续收阳，股价时常跳空高开，并且不轻易补缺口，日K线形态中常出现连续三大阳线、上升三法、大阳K线等。

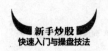
65. 主力出货有哪些征兆

主力吸货是比较容易的，只要有钱就行，但是出货就不那么容易了，需要有高超的操盘技术。因为现在的散户越来越聪明，一看风声不对，立马就跑。主力持仓量大，要是出货太快，股价波动太大，往往会吓着投资者产生犹豫之心，而不敢入场接盘，这样主力就没办法获利，一下不注意就把自己套牢在高位。

因此，主力出货变得越来越隐蔽，如果普通投资者对主力出货的手法不了解，还是会容易掉入陷阱而被套牢。那么主力出货时，市场有什么特别的地方呢？下面我们来了解一下：

第一，该涨不涨。在形态、技术、基本面都要求上涨的情况下股价却不涨，这就是主力要出货的前兆，这种例子在股市中是非常多的。形态上要求上涨，结果不涨；技术上要求上涨，但还是没有上涨；还有的是公布了预期的利好消息，基本面要求上涨，但是股价不涨。这些都是主力出货的前兆。

第二，利好消息大量涌现。主流的媒体，如各证券报刊、电视台、广播电台等，出现各种投资价值分析报告，大肆宣传该股，有些股评人也纷纷推荐该股，这些宣传无非是想证明该股价格与价值背离，股价严重低估，等等。

如果短线投资者仔细留意一下就会发现，这些报告的出现大多在股价翻番的时候。在刚开始上涨时，是不会有这些好消息的。利好消息太多，往往是主力萌生退意，故意放出的烟雾弹，目的就是为了掩护自己的出逃。这样的情况，技术高超的短线投资者可以快进快出，获得盈利。

第三，传言增多。当某一支股票的传言满天飞的时候，也是庄家将要出货的时候。庄家通过网络传播太贵的传闻，庄家选择网络散播传言的原因是即使消息是假的也可以不负责任、无人追究，并且总能让一部分投资者相信传言是真的。

主力通过一些朋友把这些所谓的内幕消息传播出去。通过这两种手段，使跟风的投资者增多，主力稍稍发力，跟风的接盘客就蜂拥而来，主力就能很容易地卖掉手中的持仓。

第四，市场狂热。主力将出货时，总是会把声势造得很大，股评也纷纷说大盘将不断创出新高。

其实，这是掩护主力出场的烟幕弹，是为了掩护大部队撤退，主力往往会拿出一部分资金，抓住一些盘子小、利好题材的个股大炒特炒，制造黑马狂奔、天天涨停板个股不断的狂热气氛，使退场的投资者又返身进场，捕捉股价高企的黑马。这样，就帮助主力稳住大盘，使大主力获得更多顺利出逃的时间。

以上四点，投资者要特别注意。如果你发现市场上有这样的一些征兆，很有可能预示主力要出货了。如果你还是一个操盘手段不十分高超的新手投资者，那么在股价跌破关键价位，不管成交量是不是放大，都应该考虑出货。因为对很多主力来说，出货的早期是不需要成交量的。

另外，除了上面一些征兆，我们还可以通过K线形态来捕捉到主力出货信号。

第一，当股价被拉到高位后，连续3日出现巨量的长阴线代表大盘将反多为空，投资者可先卖出手中持股。

第二，当股价被拉到高位后，出现连续6～9根小阳、小阴、十字线或较长上影线的K线，往往就是高位向下的信号，此时追高意愿不足，盘久必跌。如图10-12所示。

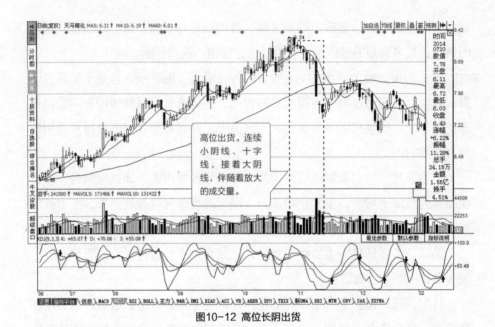

图10-12 高位长阴出货

　　第三，当股价被拉到高位后，出现倒"N"字形股价走势及"M"字形的股价走势，是大盘将反转下跌的信号。

　　第四，当股价上涨到一定阶段，连续放量冲高或者连续3~5个交易日放量，而且每日的换手率都在4%以上时，并且出现长上影线，要特别注意，主力可能将开始出货了。当最大成交量出现时，其换手率往往超过10%，这就意味着主力在拉高出货。如果收盘时出现长上影线，表明股价冲高回落，抛压沉重。如果次日股价不能收复前日的上影线，成交开始萎缩，明后市将调整。遇到此情况，投资者要注意减仓甚至清仓。

　　第五，当股价被拉到高位后，如果出现十字星或长上影线的倒锤形阳线或阴线时，是卖出股票的关键时点。出现高位十字星显示买卖双方分歧强烈，局面或将由买方市场转为卖方市场，市场发生转折，投资者应注意规避风险，可出货。股价大幅上涨后，出现实体为阴的上吊线，反映当日抛售者多，空方占优势，若成交量很大，是见顶信号。许多个股形成高位十字星或上吊线时，将会形成头部，所以减仓为上策。

当股价不再出现新的突破，形成第二个头时，投资者应坚决卖出，因为从第一个头到第二个头都是主力派发阶段。M形的右峰要是比左峰更低，则为拉高出货形态，有的时候右峰也可能形成比左峰更高的诱多形态，随后很快反转下跌，这是非常可怕的，至于其他头形，如头肩顶、二重顶、圆形顶，也都类似，只要跌破颈线支撑，投资者都得赶紧了结出货，免得亏损扩大。如图10-13所示。

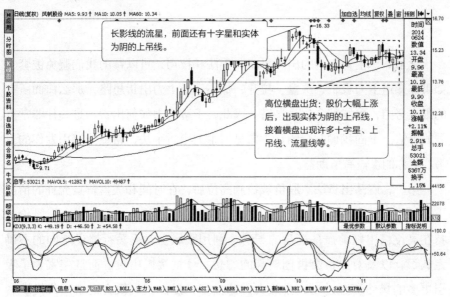

长影线的流星，前面还有十字星和实体为阴的上吊线。

高位横盘出货：股价大幅上涨后，出现实体为阴的上吊线，接着横盘出现许多十字星、上吊线、流星线等。

图10-13 高位横盘出货

66．主力出货有哪些常见手法

学习认识主力机构的出货思路、手法和技巧，可以帮助我们避免被套，如果你知道主力吸货、洗盘、拉升，却不知道主力出货思路，那么前面所有的跟庄努力，可能都会化为乌有。因此，了解主力如何出货，是一件非常重要的事情。下面我们就介绍几种常见的主力出货手法，希望能够引发你的思考，对你的操盘有所助益。

第一，震荡出货法。股价被拉到高位后，在时间和大盘背景允许的情况下，总是在较高的价位卖出以获取更多的利润。因此，庄家就会把股价维持在高位摆出以前震荡洗盘的架势，利用跟风盘对震荡行情说走向的不确定认识，以及对股价会再创新高的幻想，分批缓慢出货。而且庄家为了吸引更多的场外资金进场，会加大震荡幅度，提供获利机会勾引短线投资者进场以便自己抛出更多的筹码，直到基本完成出货任务。其K线图上表现为均线系统经历大幅上扬后横向走平，它表明上涨动力加大，股价震荡幅度加大，K线阴阳交错而成交量萎缩，一切都表现出一种即将溃退逃跑前的混乱，这也叫中级出货。这时，由于对短线利润的贪婪，跟风盘进入市场将遭受巨大的损失。

第二，拉高出货法。股价被拉到高位，当突发性的重大利好消息发布，股价大幅高开，吸引散户全面跟进。庄家利用股价拉高时成交量大幅放大、追涨氛围狂热的市场条件，以盘中震荡为掩护，采用卖出10万股买进5万股、多出少进的方式比跟风盘作冲锋，维持股价继续大幅上涨，达到出手大部分筹码的目的。K线图上表现为有下影线的中大阳线，成交量呈现阶梯式放大特征。还有一种是涨停板出货法，这种出货操作一两天就能完成。这种出货方式庄家风险很大，只能在行情较为火爆时才能有较大把握成功出货。如图10-14所示。

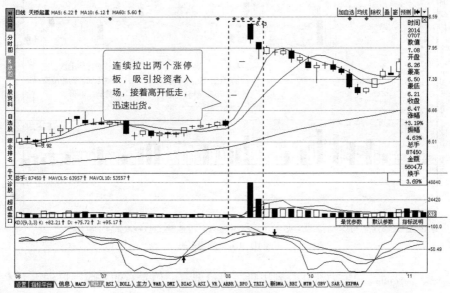

图10-14 拉高涨停出货

第三，打压出货法。庄家直接打压股价出货，往往是因为其发现了突发性的利空，或者其他某种原因迫使庄家迅速撤庄。投资者千万别以为庄家只有拉高股价才能出货，事实上庄家持股成本远远低于大众持股水平，即使打压出货也有丰厚利润。股价总体走势呈逐波下探之势，重心快速下移，在日K线上往往形成长阴线。这也是为什么股市上的大空头总是遭人恨的原因。

第四，三飘旗出货。三飘旗出货方式，是指一支股票从底部开始启动，积累一段相当可观的涨升空间后为谋求高位的减仓派发操作，主力在高位区刻意营造三个依次抬高的高点，这三个高点基本上可以通过一条直线来连接。每次出现高点过后，股价出现回调，就好像竖起一根旗杆后拉出一面旗，回调低点也有所提高。当第三个高点出现后，股价出现长阴贯空K线，

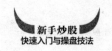

完成三飘旗形态的构筑过程，股价进入下跌阶段。标准的三飘旗形态的最后是股价出现长阴贯空K线，可以确认形态的完成。如图10-15所示。

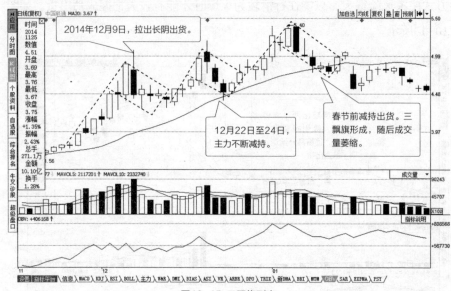

图10-15 三飘旗形态

一般而言，主力从建仓到出货，股价要有一倍左右的涨幅，这样主力才能有50%左右的利润，这种利润要在较为平静的大势中才能取得。若大势不好，主力的利润就要减少，若大势较好，主力就会更上一层楼，把价格拉得更高，获取更丰厚的利润。

而三飘旗的拉升出货方法，其实是主力坐长庄的一种操盘办法，高抛低吸，不会着急一次性把货出尽，而是一个波段又一个波段地赚，这时候主力利润是最大化的，可能股价只涨了50%，可是庄家的利润已经有150%，股价不高，散户们也愿意跟，不会害怕。庄家要涨到什么位置，跌到什么位置，你完全没办法预测。而且主力始终都能控制住这支股票，顺势而为，股票也不用全部跑掉，无论上涨还是下跌庄家都有利。

后记："印股票时代"到来，我们该怎么办

随着IPO注册制改革的步步推进，中国将"面向社会融资"的天然权利归还给企业，从而激发民间创业、投资热情。一方面刺激了实业的发展，另一方面用"直接融资"替代走到了尽头的"间接融资"。那么中国将迎来"印股票的时代"。

由此，中国人的财富配置将发生历史性转变。那么，在这样财富大洗牌的新时代，谁将暴富，谁将失去原有的财富呢？

研究者认为，最大受益者应该依次是：股票成功上市的创业者、有眼光的投资人、中介机构和二级市场的一部分投资者。

第一，股票成功上市的创业者，就是"印股票的人"，他们的财富将获得数十倍上百倍，甚至成千上万倍的增长。滴滴打车80万资金起家，3年就成长为百亿级美元的移动互联网公司。

第二，有眼光的投资人，如私募基金、投资公司等，就像星探一般寻找好项目、好的创业者，希望在上市前获得股权，承受高风险、享受高回报。

第三，企业成立、发展、筹备上市的过程中，需要大量专业人士，如律师、会计师、保荐人、承销商等，这些中介将有源源不断的业务，从而获取回报。

第四，至于二级市场上的成功者，将会是一些专业人士。届时，散户将很难生存，因为IPO注册制实行后，股票宽进宽出，上市公司将多如牛毛，哪一只股票有价值，哪一支股票是垃圾，唯有专业的投资者才能更清楚辨别。

　　如果可能的话，你应该尽力做前面三种人，而如果你选择做散户投资者，你就需要变得专业，否则就只能被市场吞噬。

　　本书的目标就是帮助股市新手快速走向专业化，书中对技术指标、K线、形态、价量、主力分析等实战内容进行了讲解，将给读者朋友们提供切实可行的指导，可以帮助读者朋友快速理解股票投资本质，建立属于自己的交易系统。

　　当然，股票市场所涉及的方方面面的知识点很多，任何一本书都无法完全包含。对于其他知识的学习，读者可以在以后的实盘操作中结合自己的发展方向有所选择地进行学习。

　　最后，祝你在这"印股票的时代"迅速站稳脚跟，早日成为股市不倒翁，成就属于自己的财富梦想！